독자의 1초를
아껴주는 정성을
만나보세요!

세상이 아무리 바쁘게 돌아가더라도 책까지 아무렇게나 빨리 만들 수는 없습니다.

인스턴트 식품 같은 책보다 오래 익힌 술이나 장맛이 밴 책을 만들고 싶습니다.

땀 흘리며 일하는 당신을 위해 한 권 한 권 마음을 다해 만들겠습니다.

마지막 페이지에서 만날 새로운 당신을 위해 더 나은 길을 준비하겠습니다.

개발자의
디자인 독해력

개발자의 디자인 독해력

Design Comprehension

초판 발행 • 2020년 3월 5일

지은이 • C.L Deux Artistes
발행인 • 이종원
발행처 • (주)도서출판 길벗
출판사 등록일 • 1990년 12월 24일
주소 • 서울시 마포구 월드컵로 10길 56(서교동)
대표 전화 • 02)332-0931 | **팩스** • 02)323-0586
홈페이지 • www.gilbut.co.kr | **이메일** • gilbut@gilbut.co.kr

기획 및 책임 편집 • 김윤지(yunjikim@gilbut.co.kr) | **디자인** • 장기춘 | **제작** • 이준호, 손일순, 이진혁
영업마케팅 • 임태호, 전선하, 지운집, 박성용 | **영업관리** • 김명자 | **독자지원** • 송혜란, 홍혜진

편집진행 • 황진주 | **전산편집** • 도설아 | **출력 및 인쇄** • 북토리 | **제본** • 신정문화사

ISBN 979-11-6521-076-2 93000 (길벗 도서번호 006742)

정가 22,000원

독자의 1초를 아껴주는 정성 길벗출판사

길벗 • IT실용, IT/일반수험서, IT전문서, 경제실용서, 취미실용서, 건강실용서, 자녀교육서
더퀘스트 • 인문교양서, 비즈니스서
길벗이지톡 • 어학단행본, 어학수험서
길벗스쿨 • 국어학습서, 수학학습서, 유아학습서, 어린이교양서, 교과서

페이스북 • www.facebook.com/gilbutzigy

비 주 얼 씽 킹 으 로 이 해 하 는 클 린 디 자 인 법 칙 !

개발자의 디자인 독해력

C.L Deux Artistes 지음

길벗

프로그래밍을 공부할 시간도 없는데
개발자가 디자인 공부도 해야 하다니!

마음이 갑갑한 개발자가 많으리라 생각한다. 나 역시 한국과 프랑스에서 20년 넘게 디자이너로, 미술 작가로 활동하다가 갑자기 프로그래밍을 공부하게 될 줄 몰랐다. 그렇기에 여러분의 마음을 충분히 이해한다.

앱을 만들고 싶었다. 내가 만든 캐릭터가 살아 움직이게 하고 싶었다. 하지만 프로그래밍을 외주로 맡길 자금이 없어서 직접 만들기로 했다. 그렇게 프로그래밍 공부를 시작했다. 힘들게 공부하면서 사용자의 터치에 반응하고 음악에 맞춰 캐릭터가 춤추고 놀고 말을 따라 하는 엔터테인먼트 앱을 몇 개 만들었다.

어떻게 공부해야 디자인을 잘 할 수 있을까? 필자 역시 항상 어떻게 공부해야 프로그래밍을 잘 할 수 있을까 고민한다. 역시 연습, 연습, 연습이지 않을까?

우선 소스 코드를 읽는 법을 공부했다. 코드를 분석하며 어떤 결과가 나올지 상상했다. 그러면서 좋은 소스 코드와 나쁜 소스 코드의 차이가 뭘까 고민하고, 좋은 소스 코드를 따라 하며 연습했다. 모든 기능을 공부할 능력이 없어서 딱 내게 필요한 터치, 음악 재생, 카메라, 음성 변조, 애니메이션 제어에 관한 기능만 공부했다.

디자인 공부도 프로그래밍 공부와 마찬가지라고 생각한다. 닥치고 연습, 연습, 연습. 디자인을 읽고 디자인 요소를 분석하며 느낌을 상상하고, 좋은 디자인과 나쁜 디자인의 차이가 뭔지 고민하며 좋은 디자인을 따라 하는 것이다. 물론 모든 디자인 이론을 공부할 필요는 없다. 앱 디자인에 필요한 이론만 공부하면 된다. 혹시 단순 명료한 디자인을 좋아하는가? 그럼 공부 범위가 훨씬 줄어들 것이다.

소스 코드를 읽듯 디자인도 읽을 수 있어야 한다. 필자는 이 책을 통해 디자인을 읽는 재미를 주고 싶다. Part 1에서는 개발자가 디자인을 잘 할 수 있는 이유와 개발자에게 어울리는 디자인 방식을 이야기한다. Part 2에서는 디자인 기본 요소에 관해 설명한다. 디자인은 기본 요소의 조합이기 때문이다. 필자는 프로그래밍 전문 용어 때문에 고생을 많이 했다. 그래서 최대한 디자인 전문 용어를 사용하지 않고 쉽게 설명하려 노력했다. Part 3에서는 색상에 대해 이야기한다. 색상이 주는 느낌과 디자인에 배색된 모습을 보여 준다. Part 4에서는 디자인 법칙을 비주얼 씽킹 방식으로 설명한다. 두뇌는 손 그림과 손 글씨를 좋아하고 오래 기억하기 때문에 정성을 다해 손으로 그리고 썼다.

이 책이 디자인 공부를 계속 이어갈 수 있는 힘이 되면 좋겠다. 혼자는 빨리 가지만, 함께는 멀리 갈 수 있다. 아니! 혼자면 외로워서 가기도 싫다. 이 책을 읽는 개발자와 함께 공부할 수 있어 너무 행복하다. 읽어 주셔서 감사하다는 말을 전하고 싶다.

C.L Deux Artistes

목　차

PART 1

디자인 감각을 갖춘
개발자를 위한
첫 걸음

PART 2

좋은 디자인의
기본 법칙
_색과 형태

목 차

PART 3

**좋은 디자인을
만드는
색상 표현 법칙**

목 차

PART 4

좋은 디자인을 만드는
표현 법칙

목　차

디자인 감각을 갖춘
개발자를 위한 첫 걸음

난 프로그래밍만 공부했는데, 디자인은 배운 적이 없는데, 그림을 그려 본 적이 없는데, 내 그림을 보면 다들 비웃던데, 포토샵을 배워도 디자인이 안 되던데, 프로그래밍은 구조적이고 논리적인 생각이 필요한데, 디자인은 즉흥적이고 감성적인 감각이 필요할 것 같은데, 디자인과 프로그래밍은 전혀 다른 분야 같은데, 디자이너는 잘 생기고 예쁜데 나는….

'역시 개발자는 디자인을 할 수 없겠지?'라고 생각하고 있는가? 아니. 당신은 디자인을 잘 할 수 있는 소질을 갖고 있다. 이미 다양한 디자인 법칙을 코드 작성 시 적용하고 있다. 프로그래밍과 디자인의 뿌리는 같다. 그러니 겁먹지 말고 시작해 보자.

CHAPTER 1

디자인과 마주하기

01
Section

디자인을 잘하고 싶은 개발자, 그건 바로 나

개발자인 나에게 없는 것, 디자인 감각

개발자의 머릿속에는 많은 아이디어들이 넘쳐난다. 세상을 놀라게 할 마음에 이를 빨리 앱으로 구현해 보지만 막상 발매를 하려니 뭔가 부족하다. 그렇다. 멋지지 않다. 갖가지 색을 아무렇게나 사용해 촌스러워 보인다. 분명히 기능은 혁신적인데 디자인 때문에 허접해 보인다. 이때 개발자에게 느낌이 온다. 디자인이 문제다.

혁신적인 기능만큼 멋진 디자인이 필요하다. 친분 있는 디자이너에게 가끔 부탁도 해보지만 매번 그럴 만큼 나에겐 뻔뻔함도 없다. 아직 발매 전이라 수익 보장이 안 되니 디자인 의뢰비에 마음껏 투자하기도 어렵다. 프로젝트 초기에 함께 고생하며 협업할 디자이너를 만나려면 적어도 전생에 나라를 구했어야 한다. 앱 개발이라는 험난한 산을 넘으니 디자인이란 넓은 강이 앞을 가로 막는다. 그래서 개발자는 외친다.

"나도 디자인을 잘 하고 싶다!"

디자인 감각은 없어도 좌절 금지

디자인 때문에 내 아이디어들이 세상에 빛도 보지 못하고 사라지는 것이 안타까워 직접 디자인을 하기로 마음먹는다. 검색엔진이나 온라인 카페 등을 검색해 디자인 참고자료와 파일들을 모아보니 심플한 디자인 정도는 금방 따라할 수 있을 것 같다. 자신감이 생긴다.

그런데 생각처럼 잘 되지 않는다. 분명 스포이드 툴로 참고자료의 색상을 찍어 내 앱에 똑같이 사용했고, 구성도 비슷하게 했는데 내 결과물은 뭔가 많이 다르다. 마치 모델이 입으면 세련되어 보이는 옷을 내가 입으면 촌스러워 보이는 것과 같다. 하지만 "역시 난 디자인 감각이 없어."라며 좌절하지 말자. 감각은 키우면 되고 디자인을 잘 할 수 있는 길은 있다.

디자인에 대한 5가지 오해

오해 1. 그래픽 프로그램만 배우면 디자인을 잘 한다?

처음 프로그래밍을 배울 때 Xcode 사용법만 알면 프로그래밍을 할 수 있을 거라 생각했다. 필자도 Xcode가 자동으로 앱을 만들어 주는 줄 알았다. 농담 같지만 사실이다. 하지만 스프트웨어 개발 프로그램이 앱을 만들어 주지는 않았다. 실망스러웠다.

디자인을 배우고 싶은 개발자들로부터 "디자인을 잘하려면 포토샵이나 일러스트레이터를 먼저 배워야 하나요?" 혹은 "주로 어떤 제작 툴로 디자인을 하나요?"라는 질문을 자주 받는다. 개발 프로그램이 결과물의 프로그래밍을 자동으로 만들지 못하는데 디자인이라고 제작 프로그램이 대신할 수 있을까?

프로그램은 프로그램일 뿐이다. 개발자가 포토샵을 익혔다고 해서 디자인을 잘 할 수는 없다. 먼저 디자인의 기본 법칙을 알아야 한다. 즉 디자인을 제대로 이해하고 쓸 줄 알아야 한다. 개발을 할 때도 Xcode를 잘하는 것과 프로그래밍을 잘하는 것은 별개 문제이지 않던가.

오해 2. 예제를 따라하는 것이 최고의 디자인 공부법이다?

디자인을 배우고 싶어서 책에 있는 예제들을 열심히 따라 해 본다. 하지만 예제에 나오는 효과만 배우는 것으론 부족하다. 예제를 응용하기 어렵다. 예제에서 조금만 바꿔서 응용해도 느낌이 달라진다. 망칠까봐 두렵다. 예제를 따라하며 배우는 것은 분명 좋은 디자인 공부 방법이지만 결국 디자인을 분석할 줄 모르면 내가 원하는 대로 응용할 수 없다.

만약 프로그래밍 입문자가 기본 법칙은 배우지 않고 고급 예제 코드만 따라 한다면 어떨까? 기초 문법과 코드 작성 규칙을 먼저 익히고 예제에 따라하며 응용하라고 조언하고 싶지 않을까? 디자인도 마찬가지다. 디자인 기초 문법과 디자인 요소들의 배치 규칙을 먼저 익혀야 예제를 실습한 효과를 볼 수 있다.

오해 3. 그림을 못 그리면 디자인을 할 수 없다?

흔히 그림을 잘 그려야 디자인도 잘 할 수 있다고 생각한다. 어느 정도 맞는 말이지만 그림은 디자인의 일부 요소일 뿐이지 그 전부는 아니다. 물론 그림을 잘 그리면 풍부한 표현이 가능하다. 하지만 그림 하나 없이 디자인이 예쁜 앱들도 많다. 간단한 도형과 색상만으로도 앱을 멋지게 디자인할 수 있다.

오해 4. 디자인은 앱을 화려하게 꾸미는 것이다?

디자인은 그저 화려하게 꾸미는 게 아니다. 디자인은 사용자를 위한 배려다. 디자인이 잘된 앱은 단순 명료하며 사용하기 편리하다. 디자인(design)은 '계획'이나 '설계'라는 뜻을 가지고 있다. 그래서 '앱 디자인'은 앱 계획, 구조 설계, 실행 순서 등 과정과 결과 모든 것을 뜻한다. 사용하기 편리한 앱을 UX, UI 디자인이 잘된 앱이라고 한다. 사람의 행동을 세심하게 배려한 디자인은 감동을 주기도 한다.

오해 5. 디자인을 하기 위해 모든 미술 이론을 알아야 한다?

"버튼을 누를 때마다 애니메이션이 재생되는 앱을 만들고 싶은데, JAVA, C, C++, C#, ActionScript, PHP, JavaScript를 전부 알고 또 객체지향적 분석법부터 공부해야 할까요?"

이 질문에 "네"라고 대답할 사람도 있겠지만, 대다수의 친절한 개발자들은 if 분기문만 알아도 된다고 대답할 것이다.

이 정도 기능은 프로그래밍 기초만 알아도 구현할 수 있다. 버튼을 누르고 애니메이션을 재생하는데 중첩 클래스, 다차원 배열, 가변 배열, 객체지향적 분석법까지 당장 배울 필요가 없다. 개발자가 원하는 간단한 앱을 디자인하는 데 파버 비렌의 조화론, 프로타쥬, 스텐실 등을 당장 알 필요는 없다. 요즘은 개발 프로그램이 좋아서 코드 한 줄 입력하지 않아도 사용자가 버튼을 누를 때마다 애니메이션이 재생되는 기능 정도는 구현할 수 있다.

디자인 = 언어

디자인에 있는 엄격한 규칙

디자인도 프로그래밍 언어처럼 엄격한 규칙이 있다. 다만 문법 오류를 경고하는 디버거가 없을 뿐이다. 코드를 입력할 때 (i=1 ; 1 〈 10 ; i++)의 ';'의 생김새가 마음에 들지 않아 ':'로 바꾸니 먹통이 된다. while과 do while을 서로 바꾸거나, 분기문에서 true와 false를 서로 바꾸면 어떻게 될까? 당연히 앱이 종료되지 않는다. 대소문자가 바뀌거나 띄어쓰기가 틀리면 디버거는 문법이 틀렸다고 마구 경고한다. 까칠한 녀석.

디자인 프로그램에는 이런 까칠한 녀석이 없어서 천만다행이다. 디자인 프로그램은 관대하다. 디자인을 못해도 프로그램이 경고를 하지는 않지만 사용자들이 디자인이 촌스럽다는 댓글로 직접 경고 한다. 디자인도 순서 규칙이 있는 프로그래밍 언어와 같다. 프로그래밍에서 int += int를 int =+ int로 바꾸면 안 되고, int++와 ++int의 값이 다른 것과 같다.

앱을 구현하기 위해서 프로그래밍 기초를 배워야 하듯이, 디자인을 하기 위해서 디자인 기본 법칙을 배워야 한다. 디자인 감각은 그 다음 문제이다. "규칙과 질서를 깨야 창작과 혁신이 가능하지 않나요?"라고 물을 수 있다. 맞는 말이지만 이는 마치 초급 프로그래머가 새로운 언어를 만들겠다는 말과 같다. 법칙과 질서를 잘 알아야 그것을 깰 수 있고 창작과 혁신을 할 수 있다.

| 앱 아이콘도 논리적 문법에 맞춰 배치해야 사용자가 불편하지 않다. 이 두 그림의 차이는 무엇일까? 힌트를 주자면 글을 읽는 순서와 관계있다.

디자인 프로그램에도 디버거가 있다면

혹시 디버깅이 되는 까칠한 디자인 프로그램을 함께 만들어 볼 생각이 있는 개발자는 연락주기 바란다. 디자인 프로그램에는 디버거가 없다. 그래서 디자인이 촌스러워도 무엇을 어디서부터 어떻게 수정해야 할지 아무도 알려주지 않는다. 개발 프로그램의 디버거 역할을 개발자가 스스로 해야 한다. 그 때문에 다들 디자인을 못하는 건 디자인 감각이 없기 때문이라고 생각한다. 하지만 좋은 디자인은 감각만으로 하는 게 아니다.

아무리 까칠한 디버거도 논리 오류는 잡지 못한다. 특정 논리 오류가 있어도 앱은 동작하지만 사용자들의 불만과 빗발치는 환불요청을 감당해야 할 것이다. 논리 오류는 개발자의 경험과 실력으로 고쳐야 한다. 개발자는 유스케이스(Use case)를 살피고, 더 나은 논리 구조를 만든다. 디자인도 똑같다. 표현 방식만 다를 뿐 개발과 디자인의 본질은 같다. 사용자의 불편을 해소하고 생활에 편리를 주기 위한 목적이 같다.

| 디자인 프로그램에도 이런 디버거가 있으면 좋겠다.

개발자도 디자인을 잘 할 수 있다

사람이 쉽게 읽고 이해할 수 있는 코드가 좋은 코드이다. 기능이 애매모호한 클래스를 일부러 만드는 개발자가 있을까? 디자인도 화려하게 꾸미는 게 목적이 아니다. 정보를 더욱 쉽고 빠르게 전달하는 게 목적이다.

개발자는 항상 소스 코드에 숨어 있는 냄새 나는 코드를 제거한다. 리팩토링—겉으로 보이는 동작에는 변화 없이 가독성과 품질을 높이기 위해 코드 구조를 재조정하는 것—을 한다. 디자인이 화려하기만 하고 메시지가 불명확한 요소를 제거하기 위해 분석하고 리팩토링을 한다. 개발자에게 익숙한 논리 구조, 분석, 분류, 객체지향, 단순화, 리팩토링을 디자이너도 표현만 다를 뿐 똑같이 하고 있다. 그만큼 개발자도 디자인을 잘 할 수 있는 소질을 충분히 가지고 있다.

다음의 A와 B 그림을 비교해 보자. 어느 쪽이 더 좋은가? "A"라고 답했다면 역시 당신은 디자인에 소질이 있다. 개발자는 이미 코드를 작성할 때 다양한 디자인 법칙을 코드에 적용하고 있다. 키워드, 색상 분류, 들여쓰기, 행간 혹은 자간 조절, 띄어쓰기, 바탕색 설정, 코드 폰트 설정, 변수, 클래스 네이밍 등 모든 것이 디자인 법칙이다. 잘 작성된 소스 코드를 보면 정말 예쁘다는 생각이 든다.

A

```
1
2 using UnityEngine;
3 using System.Collections;
4
5 public class AdBannerViewCsV2 : MonoBehaviour {
6
7    private ADBannerView banner = null;
8
9    void Start()
10
11   {
12       banner = new ADBannerView(ADBannerView.Type.Banner, ADBannerView.Layout.Bottom);
13       ADBannerView.onBannerWasClicked += OnBannerClicked;
14       ADBannerView.onBannerWasLoaded  += OnBannerLoaded;
15   }
16
17   void OnBannerClicked()
18   {
19       Debug.Log("Clicked!\n");
20   }
21
22   void OnBannerLoaded()
23   {
24       Debug.Log("Loaded!\n");
25       banner.visible = true;
26   }
27
28 }
29
```

B

```
1
2   using UnityEngine;
3   using System.Collections;
4
5   public class AdBannerViewCsV2 : MonoBehaviour {
6
7      private ADBannerView banner = null;
8
9      void Start(){
10         banner = new ADBannerView(ADBannerView.Type.Banner, ADBannerView.Layout.Bottom);
11         ADBannerView.onBannerWasClicked+= OnBannerClicked;
12         ADBannerView.onBannerWasLoaded  += OnBannerLoaded;
13     }
14
15     void OnBannerClicked(){
16         Debug.Log ("Clicked!\n");
17     }
18
19     void OnBannerLoaded()
20     {
21         Debug.Log("Loaded!\n");
22         banner.visible = true;
23     }
24
25  }
26
27
28
29
30
31
```

| 코드를 읽기 편하게 행간을 조절하는 것도 디자인이다.

이처럼 개발자도 이미 코드 작성이라는 멋진 디자인을 하고 있다. 이제 그 능력을 디자인에 적용만 하면 된다. 멋진 디자인의 세계에 온 걸 환영한다.

```
void Update () {
    Physics.gravity = Quaternion.AngleAxis (Input.GetAxis("Horizontal")*60.0f , Vector3.forward) *
                      Quaternion.AngleAxis (Input.GetAxis("Vertical")*60.0f , Vector3.right) *
                      ( Vector3.up * -20.0f );
}
```

| 코드의 텍스트도 훌륭한 디자인 요소이다.

CHAPTER 2

디자인 감각을
키우는 방법

다양한 각도에서 관찰하기

사물을 다양한 각도에서 관찰하자. 다양한 각도에서 사물을 관찰하고 그리는 연습을 자주 하자. 서툴러도 좋으니 절대 잘 그리려고 하지 말자. 사물을 자세히 보려는 마음이 중요하다. 이 습관은 입체감각과 형태감각을 좋게 한다. 디자인 학습은 주변을 관찰하는 것부터 시작이다.

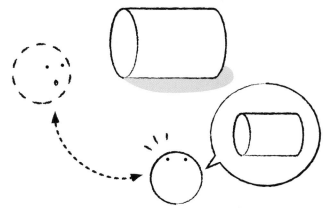

다양한 각도에서 봐야 사물의
완전한 형태를 볼 수 있다.

다양한 각도에서 봐야 사물의 형태를 알 수 있듯이 다양한 관점에서 봐야 세상을 이해할 수 있다. 스타벅스의 CEO인 하워드 슐츠는 매일 다른 사람과 점심을 먹으면 성공한다고 말했다. 다양한 관점을 갖기 위해 주변 디자이너들과 자주 만나 대화하자. 원한다면 필자에게 연락을 줘도 좋다. 우리 함께 성공하자.

디자이너 마인드 갖기

개발자의 입장에서 디자인을 배우면 제대로 배우기 힘들다. 디자인을 하는 동안은 개발자의
관점에서 벗어나야 디자인이 보인다. 색상을 무서워하지 말고 흰색, 회색, 검은색 위주에서 벗
어나 생각하자. 디자이너의 입장에서 생각해야 한다. 디자이너처럼 보고 느끼려고 노력해야
한다.

원통을 앞에서만 보면 원으로 보이고, 옆에서만 보면 사각형으로 보인다. 이처럼 사물을 보는
방향에 따라 다르게 보인다. 디자인도 마찬가지이다. 디자인을 개발자 관점에서만 본다면 본
질을 완벽히 이해할 수 없게 된다.

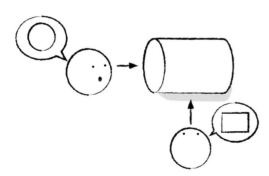

개발자의 눈에는 코드만 보이고, 디자이너의 눈에는 그림만 보인다.

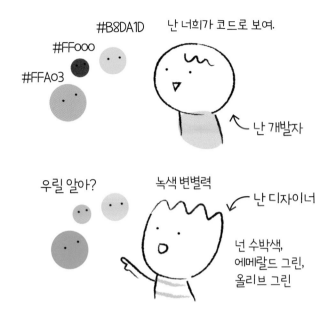

예를 들어, 여기 공이 구르고 있는 장면이 있다.

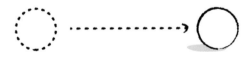

개발자는 이 장면을 보고 코드로 구현하고,

작가는 이 장면을 수려한 문장으로 표현하며,

공이 깔깔대며
데굴데굴 굴러
다닌다.

← 난 작가

디자이너는 이 장면을 그림으로 형상화한다.

난 디자이너

표절!

공이 구르는 형상을
로고로 만들어봤어

28

사물을 보는 사람의 관점에 따라 그것을 표현하는 방식이 달라진다. 그러므로 디자인은 디자이너의 관점에서 봐야 잘 이해할 수 있다. '나는 개발자인데…'라고 생각하며 디자인을 하지 말자. 디자인을 할 때만큼은 자신이 디자이너라고 생각해야 한다.

그렇다면, 어떻게 해야 디자이너의 마인드를 가질 수 있을까? 개발자가 되기 위해 꿈속에서도 코드를 치던 그때의 열정을 디자인을 할 때도 쏟아보면 어떨까? 먼저, 디자인의 재미에 푹 빠져보자. 혹시 가능하다면 스스로에게 "난 디자이너다."라고 최면을 걸어도 좋다. 하지만 너무 깊이 빠지면 본업이 바뀔 수도 있으니 조심하자.

디자이너
코스프레 중

개발자 옷

| 개발자의 옷을 벗고 디자이너로 변신!

색 감각을 키우는 연습하기

디자인에서 가장 중요한 요소는 '색상'이다. 색상은 감정을 느끼게 한다. 같은 디자인이라도 색상이 다르면 그 느낌이 달라진다.

사랑을 전하세요.

사랑이 식은 거니?

콩닥콩닥 사랑이 느껴져.

색상을 어떻게 입히는지에 따라 느낌이 달라진다.

29

색에 대한 감각을 키우려면 어떻게 해야 좋을까? 당연히 눈을 단련해야 한다. 다양한 색상을 자주 보고 다른 사람이 작업한 배색을 따라하며 자신의 디자인에 응용해야 한다. 다양한 색상을 많이 보기만 해도 색에 대한 감각이 좋아진다. 믿기 힘들겠지만 사실이다.

프로그래밍 실력을 키우고 싶다면 어떻게 해야 할까? 많은 코드를 보고, 따라서 치고 응용해야 하지 않을까? 디자인 감각 훈련도 마찬가지다. 많이 보고 생각해야 실력이 는다. 일만 시간의 법칙은 어떤 분야에서든 진리다.

| 풍부한 색상 조합은 사람의 기분을 좋게 하는 힘이 있다.

다양한 색상을 보기만 해도 색에 대한 감각이 좋아지는 이유는 사람의 인지 시스템에 있다. 눈에는 빛에만 반응하는 시세포가 있다. 이 세포들은 자신과 관련된 색에만 반응하며 색에 대한 정보를 전기신호로 바꿔 뇌로 보낸다. 특히 시세포 중에는 색에 민감하게 반응하는 세 종류의 세포가 있다. 빨간색에만 반응하는 L추상 세포, 녹색에만 반응하는 M추상 세포, 파란색에만 반응하는 S추상 세포이다.

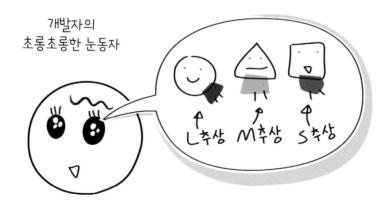

추상 세포들은 자신과 관련된 색에만 반응하고 다른 색에는 무관심하다. 만약 빨간색을 본다면 L추상 세포만 반응하고, M과 S추상 세포는 반응하지 않는다. 한 가지 색만 계속 본다면 추상 세포가 골고루 발달할 수 없다.

| 색상을 편식하는 건 좋지 않다.

| 색상을 골고루 봐야 색에 대한 감각도 균형 있게 발달한다.

색상을 많이 다루는 디자이너가 색에 대한 감각이 좋은 건 당연하다. 개발자가 복잡한 소스 코
드를 잠시만 읽어도 금방 분석할 수 있는 것과 같다. 자신이 하는 일과 관련된 세포가 더 발달
하기 때문이다. 생활의 달인들이 그냥 있는 게 아니다.

32가지 흰색 눈을 구분하여
골라 먹을 수 있어요.

실제로 매일 흰색 풍경만 보고 사는
에스키모인들은 흰색의 종류를 수십
가지로 구분할 수 있다고 한다.

간단하고 즐겁게 색 감각을 키우는 방법이 있다. 바로 가벼운 몸과 마음으로 가까운 서점에 놀러가는 것이다. 진지한 디자인 이론서는 잠시 접어두고 최신 인테리어나 홈 데코, 패션 잡지가 있는 코너로 간다. 해외 디자인 서적이 있는 곳도 좋다. 텍스트는 읽지 말고 색상이 풍부한 이미지나 사진 부분만 집중해서 본다. 풍부한 색상을 비판 없이 그냥 느껴본다. 이 방법을 통해 색 감각을 키우면서 동시에 최신 트렌드도 아는 세련된 개발자가 될 수 있고 아이디어도 얻게 되니 일석삼조이다.

랄랄라! 즐겁고 가벼운 마음으로
서점에 가자.

날씨가 좋은 날엔 가까운 공원이나 정원에 가보자. 자연만큼 훌륭한 디자인 책은 없다. 자연이 만든 꽃과 나무, 햇살이 어우러져 만든 명암과 색 조합을 보고 있으면 몸과 마음 그리고 색 감각도 좋아지는 것을 느낀다. 기분이 좋아서 아이디어도 쏟아져 나오니 이 얼마나 좋은가.

| 꽃은 자연이 만든 최고의 색 조합이다.

벤치마킹을 위해 다른 앱만 쳐다보지 말자. 색상을 쉽게 얻을 수는 있어도 색 감각을 향상시키는 데 도움이 되지 않는다. 프로그래밍 실력도 단순히 소스 코드를 복사하여 붙여넣기 하는 것으로는 절대 늘지 않는 것처럼 말이다.

Easy Come, Easy Go

쉽게 얻은 것은 쉽게 잊을 수 있다. 진짜 색 감각을 키우고 싶다면 그래픽 프로그램의 스포이드로 다른 앱의 색상을 찍어 사용하지 말고 직접 색을 만들어 보자. 다양한 색상을 직접 보고 느끼며 재현하기를 반복하다 보면 그 과정을 통해 색 감각 세포들이 튼튼해질 것이다. 이렇게 발달된 감각이 개발자의 능력을 더욱 높여줄 것이다.

단순한 도형으로 그리는 연습하기

앞서 소개한 색 감각을 키우는 연습과 지금 소개하는 단순한 도형으로 그리는 연습을 함께 하면 좋다. "디자인 소스 제공 사이트에서 몇 개 가져다 쓰면 되고 시간도 없는데 그리기 연습까지 할 필요가 있나요?"라고 할 수도 있지만 아는 만큼 보인다고 했다. 디자인 감각이 좋아지면 그만큼 더 좋은 디자인을 골라 쓸 수 있다. 그러므로 이번 장에서는 필자가 항상 하고 있는 디자인 감각 키우기 비밀 훈련들 중 개발자도 부담 없이 할 수 있는 훈련법을 소개한다. 이 훈련을 하루 식후 세 번씩 꾸준히 하다 보면 심신과 디자인 감각이 좋아질 것이다.

후후후. 새로운 디자인 세계에
눈을 뜰 걸세.

하루 세 번 식후에 복용하세요.

색 감각 키우는 약　　형태 감각 키우는 약

건강을 위해 비타민을
먹듯 하루 세 번 식후
에 연습해 보자.

디자인의 다양한 표현 방식들 중에는 대표적으로 그림에 질감과 디테일을 반영하여 입체적인 모습으로 디자인하는 '스큐어모피즘 방식'과 그림에서 그림자, 질감, 깊이감 등 장식적인 요소를 모두 제거하여 단순하고 평편한 모습으로 디자인하는 '플랫 방식'이 있다. 어느 방식이 더 좋다는 기준은 없으며, 자신의 프로젝트 성격에 맞춰 선택하는 것이 좋다.

플랫 디자인은 그림자와 질감, 장식을 제거해 그림의 특징만 남기는 표현 방식이다.

3D 표현 방식보다 2D 표현 방식이 형태와 색감에 더 집중하게 한다.

자신이 개발한 앱을 직접 디자인하고 싶은 개발자에겐 최소한의 색상과 단순한 형태로 사물을 표현하는 플랫 디자인을 추천한다. 플랫 디자인은 콘텐츠의 불필요한 장식 요소들을 배제하여 직관성과 가독성을 최대한 높여주기 때문에 모바일 환경에 최적이다. 개인적으로 이런 디자인을 메시지 지향적 디자인이라고 부른다. 플랫 디자인에 관한 내용은 다음 장에서 이어 설명할 것이므로 이번 장에서는 플랫 디자인을 하기 위한 단순한 그림 그리기 연습 방법을 소개한다.

이 연습을 하려면 사진이 필요하다. 우선, 완전한 형태가 나온 사진을 고른다. 특히 사물의 정면이나 측면만 찍힌 입체감이 없는 사진이 좋다. 그리고 태블릿PC를 이용하면 효과적이지만, 만약 없다면 프린트한 사진과 두꺼운 사인펜 혹은 유성매직을 준비한다. 펜촉의 두께가 두꺼울수록 좋다.

1 태블릿PC를 이용하여 연습하는 방법을 설명하겠다. 레이어 기능이 있는 그리기 앱을 실행하고 레이어1에 준비한 사진을 불러온다. 투명도를 50%로 설정한 후 레이어2를 생성한다. 필자는 SketchBook이나 Procreate 앱을 사용한다. 자신에게 잘 맞는 앱을 사용하길 바란다.

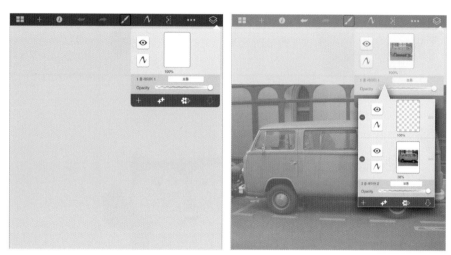

| 레이어 기능이 있는 앱에서 그리기 연습을 하자.

2 적당한 펜을 고르고 선 굵기를 두껍게 설정한다.

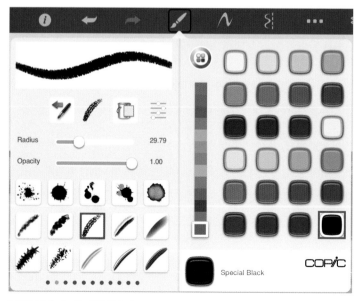

| 펜의 선 굵기는 두꺼울수록 좋다.

3 숨을 한 번 깊게 들이 쉬고 과감하게 한번에 선을 긋는다. 자잘한 디테일은 무시해야 한다. 이때 개발자의 용맹함이 필요하다.

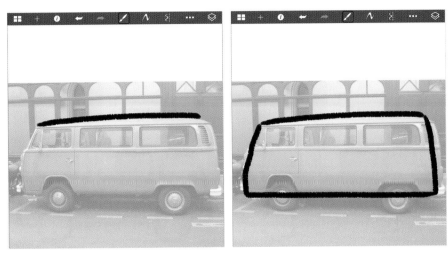

| 과감하게 획을 그어 개발자의 용맹함을 보여 주자!

4 크게 보이는 형태만 따라 그린다. 눈을 가늘게 뜨면 디테일한 부분이 잘 안 보이는 효과가 생겨 큰 형태만 볼 수 있다. 과감하게 그리자.

| 한 획씩 과감하게 그어보자.

5 레이어1을 가린다. 장난처럼 보여도 엄연한 그림이다. 상당히 많은 일러스트레이터들도 이런 스타일로 그림을 그린다. 선이 삐뚤빼뚤해도 괜찮고 원형이 찌그러져 보이면 더 좋다. 그냥 한 획을 그을 때도 과감하고 힘차게 선을 그어보자.

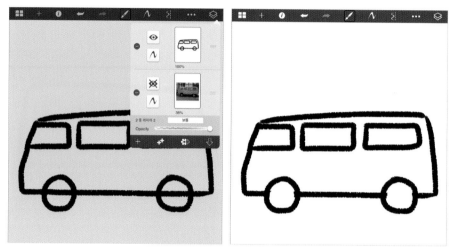

| 과감하게 그린 그림의 밑그림을 가린다.

6 단순한 그림을 그릴 때는 반드시 아래에 있는 기본 도형인 사각형, 삼각형, 원형으로만 그린다. 기본 도형을 응용한 반원, 타원, 마름모꼴까지는 허용한다.

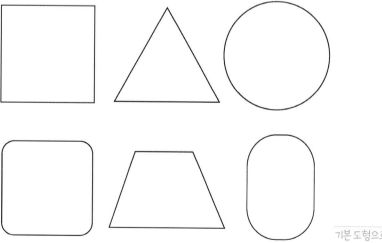

기본 도형으로만 그리자.

7 덤으로 색칠을 해보는 것도 좋다. 딱 한 가지 색상으로 가장 넓은 곳을 칠한다.

색을 칠하면 왠지 귀여워 보이기도 한다.

앞서 거창하게 '훈련'이라고 했지만 위의 과정을 따라하다 보니 너무 시시하다. '과연 이런 걸로 언제 멋진 디자인을 할 수 있을까?' 하는 의문이 들 수 있다. 천 리 길도 한 걸음부터라 했다. 하루에 한 번씩이라도 꾸준히 연습해 보자. 그러면 앞으로 이 책에서 설명하는 내용을 완벽히 소화할 수 있는 튼튼한 디자인 감각을 가지게 될 것이다. 영양가 많은 음식도 잘 소화시켜야 살이 되고 피가 된다. 틈날 때마다 주변에 있는 여러 가지 물건들을 간단한 도형을 이용해 그려보는 연습을 하자.

| 단순화하여 그린 이미지들을 모아 나만의 갤러리를 만들어 보는 건 어떨까?

사람의 인지 시스템 이해하기

사람은 정보의 80%를 시각을 통해 받아들인다.

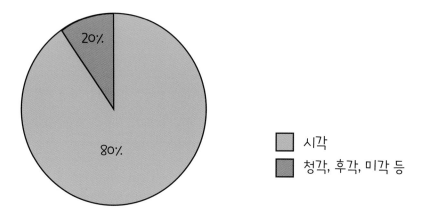

시각

청각, 후각, 미각 등

| 사람의 두뇌는 문자 정보보다 이미지 정보를 훨씬 더 빠르게 인식한다.

사람은 글을 읽고 이해할 때 복잡한 인지 과정을 거친다. 맨 처음, 글자의 생김새를 보고 단어로 인식한다. 그 다음, 단어의 의미를 문맥에 따라 파악하는 해독 과정을 거친 후 문장의 의미를 이해한다. 만약 외국어라면 번역 과정도 추가된다. 이 복잡한 인지 과정은 순식간에 처리되므로 사람이 의식할 순 없다. 그래도 워낙 복잡한 과정이라 두뇌는 많은 에너지를 소비한다. 그래서 우린 늘 읽을 게 많아 배고프고, 당이 떨어져서 머리가 돌지 않는다. 피곤할 때 글이 많은 책을 읽으면 숙면을 취할 수 있다.

1 선의 생김새 보기

2 단어로 인식하기

3 문맥에 맞춰 단어의 뜻 파악하기

4 문장의 의미 이해하기

| 우린 생각보다 많은 과정을 거쳐 글을 읽고 이해한다.

메시지 보관함에 읽지 않은 메시지가 한 개 있습니다.

| 단어들의 상관관계를 먼저 파악해야 문장을 이해할 수 있다.

반면 이미지 정보는 두뇌가 동시다발적으로 병렬 처리해 인식한다. 이미지를 이해하는 과정이 글을 읽고 이해하는 과정보다 에너지 소모가 적다. 이미지 정보는 직관적이어서 외국인이라도 번역 없이 이해할 수 있다.

사람은 사물을 기본 도형으로 단순화하고 패턴화하여 하나로 묶어 인식한다. 미술 감각 훈련을 받지 않은 사람에게 방금 본 물건의 무늬, 색감, 형태를 묘사하게 하면 힘들어 한다. 십 원짜리 동전에 있는 다보탑을 기억하는가? 기억하는 사람은 많겠지만 다보탑의 기둥이 몇 개인지, 몇 층인지를 세세하게 묘사할 수 있는 사람은 그리 많지 않다.

| 두뇌는 문자보다 이미지를 훨씬 빠르게 이해한다.

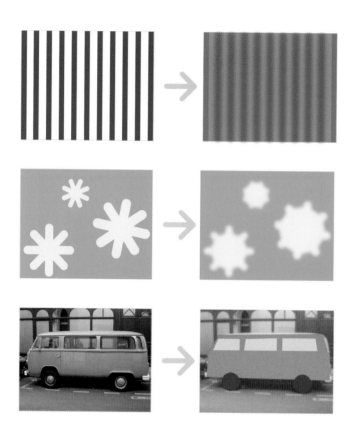

사물의 형태나 무늬, 색상에 큰 관심을 두지 않는다면, 두루뭉술하게 하나로 묶인 이미지로 기억한다.

두뇌는 실제 꽃 모양을 아이콘처럼 단순화, 패턴화하여 기억한다. 플랫 디자인은 두뇌의 인지 과정을 단축시킨 방식이다.

기호, 기본 도형, 아이콘 > 이미지 > 문자

단연코 기호, 기본 도형, 아이콘을 인지하는 속도가 문자로 인지하는 속도보다 빠르다. 그래서 앱 디자인은 아이콘과 인포그래픽을 많이 사용한다. 빠른 정보 전달과 직관적인 사용이 앱 디자인의 목적이기 때문이다.

그림 문자 쓰는 연습하기

현대 사회는 하루에 처리해야 하는 정보의 양이 많아도 너무 많다. 생활 중에도, 업무 중에도, 이동 중에도, 심지어 잠을 잘 때마저도 우리의 두뇌는 쉴 새 없이 정보를 처리한다. 너무 피곤하다. 정보의 양을 최대한 줄여주는 게 사용자를 위한 배려다. 심플하고 사용하기 쉬운 디자인, 기억하기 쉬운 디자인이 착한 디자인이다.

심플하고 직관적인 디자인을 하기 위해서는 인지 심리학—사람은 어떻게 느끼고 인지하는가를 연구하는 학문—을 알면 좋다. 정보를 이미지로 만들어 어느 문화권 사람이라도 학습 없이 바로 사용할 수 있게 하는 디자인 방식이 있다. 바로 '정보디자인 방식'이다.

우리가 좋아하는 그 곳의 표시, 특히 급할 때 보면 환호성을 지르는 화장실 안내 표시가 대표적인 정보디자인의 예이다. 지금 주위를 둘러보자. 다양한 표시와 기호, 아이콘이 보일 것이다.

아~ 살았다.

급할 때 이 표시만
찾게 된다.

정보디자인이야말로 모바일 환경에 가장 적합한 디자인 방식이다. 픽토그램과 다이어그램, 아이콘, 이모티콘 등 그림 문자는 정보를 표현하고 감정까지 전달한다.

정보디자인은 왠지 개발자에게 잘 어울리는 단어이다. "나 정보디자인 좀 할 줄 아는 개발자야."라고 하면 세련돼 보인다. 정보디자인을 예쁘게 꾸민 게 플랫 디자인 스타일이다.

비 온 후 맑아지고 해가 납니다. 온도는 27도이고, 바람이 강하게 붑니다.

| 픽토그램은 문장을 읽지 않아도 정보를 직관적으로 이해하게 한다.

정보를 문자로만 적으면 글을 읽고 이해한 후에야 기억된다. 이마저도 시간이 지나면 잊어버리고 만다. 반면에 글을 설명하는 간단한 도형을 함께 보여주면 어떨까? 두뇌는 글과 그림을 마치 사진을 찍듯이 이미지로 묶어서 인식하고 기억에 남긴다. 기억에 대한 연구에 따르면, 그냥 읽거나 듣기만 했을 때는 정보의 15%가, 그림과 함께 보고 들었을 때는 정보의 80%가 기억에 남는다고 한다. 이를 '그림 우월성 효과(picture superiority effect)'라고 한다. 물론 필자처럼 어떻게 해도 금방 잊는 사람도 있지만 말이다.

만약 정보를 표시하는 그림의 형태를 단순하게 하고, 핵심이 되는 특징만 함축해서 표현하면 두뇌의 정보 처리 단계가 줄어들어 더 오래 기억할 수 있다. 글도 길어지면 금방 지루해진다. 그래서 필자는 최대한 짧게 핵심만 설명하려고 노력한다.

데이터 A가 입력될 때, 데이터 A와 B의 값을 비교한다.
데이터 A가 B보다 크면 True를 반환한다.
데이터 A가 B보다 작으면 False를 반환한다.

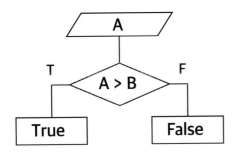

글만 읽을 때보다 순서도와 함께 보면 코드의 구조를 더 빠르게 파악할 수 있다.

사람은 글을 읽거나 이야기를 들을 때 그 내용을 머릿속에서 영상으로 바꿔 재현하는 능력이 뛰어나다. 예를 들어 소설을 읽는다고 생각해 보자. 읽고 있는 내용이 영화처럼 머릿속에서 상영된다. 부족해서 사람은 누구나 글을 이미지로 상상하고 재현하는 데 익숙하다. 반대로 글을 쓰거나 말을 할 때는 영상을 언어로 바꿔서 표현한다.

날아가는 참새의 팬티를 보았습니다.

이야기를 듣는 순간 이미지가 그려진다.

사람은 보통 두 살 이전의 일을 기억하지 못한다고 한다. 하지만 예상 외로 아기들의 기억력은 뛰어나다. 본 것을 영화처럼 기억하고 머릿속에서 반복적으로 상영하며 학습한다. 언어 능력이 부족해서 그때의 감정을 설명하지 못할 뿐이다. 그래도 아기 때 기억은 무의식 속에 남는다. 아기들 앞에서 행동을 조심하자. "넌 누구 닮아서 그러니?"라고 말한 사람을 닮는다는 말이 있다.

지켜보고 있어요.

| 아기는 당신의 행동을 지켜보고 있다.

디자이너가 자주 하는 생각 표현하기 훈련법을 소개한다. 행동을 글로 적고 아이콘으로 표현하는 훈련이다. 예를 들어 '자르다'는 가위로 표현하는 것처럼 '달리다', '비가 온다', '잠을 자다' 식의 문장을 생각하고 이에 대표되는 아이콘을 그린다. 기본 도형만으로 대충 그린다. 이때 잘 그리려 노력하지 말고 편안한 마음으로 하자. 글을 이미지로 표현하려는 노력이 중요하다. 처음이라 그림을 그리는 것 자체가 어려울 수 있다. 요즘에는 아이콘이나 이모티콘을 제공하는 사이트가 많이 있으므로 생각나는 아이콘을 찾아보는 것부터 시작하자.

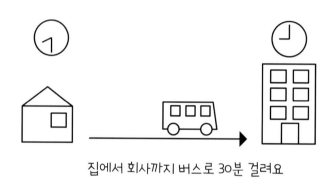

집에서 회사까지 버스로 30분 걸려요

피곤할 땐 쪽잠이 최고　　　　퇴근 시간이다　　　　음악을 들어요

마트에서 장을 봐요　　　　산책은 즐거워　　　　아이패드

| 위와 같이 선과 기본 도형만 사용해서 대충 그려 보자.

개발자가 코딩 중 노란 경
고 표시를 보고 있다면,
절대 접근하지 마세요.

물릴 수 있습니다.

CHAPTER 3

디자인을
시작하는 법

(　　　　　)제목 없음

여기 코딩 스타일이 다른 두 개의 클래스 파일이 있다. 각도를 라디안으로 변환하는 클래스이다. 캐릭터를 회전시키는 데 필요하다. 프로젝트를 순조롭게 진행하려면 어느 파일을 선택해야 할까?

```
using UnityEngine;
using System.Collections;

public class DegreeToRadian : MonoBehaviour {

        float deg = 30.0f;


        void Start () {

                float degToRad = deg * Mathf.Deg2Rad;
                Debug.Log(deg + " degrees are equal to " + degToRad + " radians.");

        }

}
```

| DegreeToRadian 클래스 파일

```
using UnityEngine;
using System.Collections;

public class Untitle : MonoBehaviour {

        float a = 30.0f;


        void Untitle () {

                float b = a * Mathf.Deg2Rad;
                Debug.Log(deg + " degrees are equal to " + b + " radians.");

        }
}
```

| Untitle 클래스 파일

DegreeToRadian 파일과 Untitle 파일의 차이는 무엇일까? DegreeToRadian 클래스 파일은 이름만 봐도 Degree 값을 Radian 값으로 변환하는 기능이 있다는 것을 알 수 있다. 코드의 내용과 기능에 대한 정보가 클래스 이름에 함축되어 있다. 그만큼 소스 코드를 분석하기 쉽다.

Untitle 클래스 파일은 코드를 전부 읽고 실행해 보기 전엔 그 기능을 알기 어렵다. 물론 한참 코딩 중일 땐 괜찮지만, 점심 식사라도 하고 난 후 다시 보면 '이게 무슨 클래스 파일이었더라?' 하고 생각할 때도 있다.

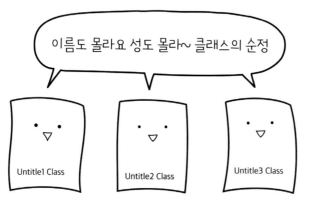

| 클래스의 이름이 없어서 코드의 내용과 기능을 쉽게 이해하기 어렵다.

프로젝트명, 클래스명, 함수명, 변수명은 개발 방향과 목적을 나타낸다. 코드의 존재 이유를 담고 있다. 긴 개발 기간 동안 길을 잃지 않게 도와주는 안내자이다. 만약 이들의 이름을 대충 짓는다면 개발 목적은 방향을 잃고 산으로 가게 될 확률이 높다.

디자인의 시작은 제목 정하기부터

드디어 이번 글의 제목이 나왔다. 제목 없이 앞의 글을 읽을 때는 디자인에 관한 이야기인지, 프로그래밍에 관한 이야기인지 헷갈렸을 것이다. 물론 "난 처음부터 필자의 의도를 알고 있었다!"라고 하는 분도 있겠지만, 제목과 함께 본문을 읽으면 내용을 파악하기가 훨씬 쉽다.

대부분의 개발자는 디자인 준비 작업 없이 디자인을 시작하려 한다. 디자이너들이 준비 작업을 안 하고 디자인을 시작하는 것처럼 보이기 때문이다. 과연 그럴까? 사실 이들은 디자인 준비 작업을 철저히 한다. 오랜 경험으로 순식간에 처리하기 때문에 안 하는 것처럼 보일 뿐이다. 가끔 무의식중에 처리하기도 한다. 무림 고수가 짧은 초식만으로 순식간에 상대를 제압하는 것처럼 말이다.

유단잔가?

| 디자인의 유단자는 오랜 경험을 바탕으로 디자인 준비 작업을 순식간에 처리한다.

디자인 경험이 부족한 사람은 반드시 디자인 준비 작업을 해야 한다. 목적과 주제 그리고 표현 방식을 정하고 디자인을 시작해야 한다. 그렇지 않으면 긴 디자인 작업 기간 동안 아이디어가 매번 바뀌고 목적이 흐려진다. 어디선가 본 듯한 디자인을 베끼게 된다. 결국 표현 방식이 마구 뒤섞여 디자인이 엉망이 된다. 처음에 생각했던 디자인 목적과 주제를 벗어나면 사용자로부터 외면 받을 수 있다.

앞에서 얘기한 것처럼 이름, 주제, 제목은 디자인의 목적을 명확하게 밝히고 디자인 방향을 올바르게 잡는 데 중요한 요소이다. 우왕좌왕 헤매는 시간을 줄인다. 그래서 목적지에 더 빨리 도착하게 한다.

02 연관 단어 나열하기

디자인은 사용자를 위한 배려이므로 사용자에 맞춰야 한다. 개발자 자신이 어두운 색감을 좋아한다고 아이들이 사용하는 앱에 어두운 계열의 색상만 사용하면 어떻게 될까? 연관 단어 나열하기는 이런 실수를 막고 앱의 기능과 사용자를 생각하게 하는 디자인 준비 작업이다.

다이어트 앱을 예로 들어 보자. '다이어트' 하면 날씬함, 건강, 아름다움, 바닷가, 수영복, 초콜릿 복근 등의 단어들이 떠오른다. 전부 적어 보자. 다소 부끄러울 수 있고 손발이 오글거리지만 부끄러움은 한 순간이고 멋진 디자인은 오래 간다. 어차피 혼자 보는 문서이므로 눈치보지 말고 막 적어 보자. 창작은 원래 엉뚱함에서 탄생한다.

영어 공부 앱을 예로 들어 본다. 영어, 세계인, 지식, 구글링, 알파벳, 미국, 영국, 여행, 영화, 드라마 등의 단어들을 적어 본다. 단어들끼리 연관성이 없어도 된다. 유치하거나 중복돼도 상관없다. 지금 자신이 구상하고 있는 앱의 기능과 목적, 사용자와 관련된 단어들을 쭉 나열한다.

> ## 다이어트 앱
> 가벼운 　Air 　　바닷가 　　자랑질?
> 　　　　　모델
> 지방 안녕~ 　　　　　수영복 　　　　저울
> 　　　　　내가 필요한 앱 　날씬 자신만만 　행복?
> 성공 다짐
> 　　　　배고파 　　　　　초콜릿 복근
> 닭가슴살 퍽퍽해 One Food? 　　　　빨래판 복근

| 개발자 두뇌의 성능 좋은 연관 검색 기능을 가동해 보자.

| 필자는 연관 단어를 나열할 때 마인드 맵을 주로 이용한다.

개발할 앱에 대해 생각하고 연관 단어를 적었다면 이제 그 앱을 사용할 사용자를 생각해 보자. 내 앱의 사용자는 누구일지 생각하며 내 앱을 가장 많이 사용할 가상의 인물을 설정한다. 그의 하루를 제 3자의 눈으로 관찰하며 기록한다.

사용자의 나이, 성별, 취미, 좋아하는 것, 하는 일, 사용 시간대, 사용 장소, 앱이 꼭 필요한 상황 등 사용자의 일상을 이야기 형식으로 마음껏 적어 본다.

> 개발자씨는 주로 대낮에, 야외에서 이 앱을 이용하는데, 화면의 눈부심이 심해서, 화면속 내용이 잘 안보여 눈쌀을 찌푸린다.
>
> 그나마 화면 밝기를 최대로 해놓으면, 눈부심이 덜하긴 한데, 앱의 바탕색이 어두워서 개발자씨의 얼굴이 그대로 비쳐지니, 가끔 화들짝 놀란다.
>
> 오! 이 잘생긴 총각은 누구야~ 좋다고, 자뻑한다. 유리는 바탕색이 어두우면, 밝은곳에서 거울처럼 비춘다. 이 앱의 기능은 주로 낮에 야외에서 사용하니, 바탕색이 최대한 밝고, 내용은 진해줘야 잘 보일꺼 같다고, 개발자씨는 생각한다.

| 맞춤법이나 띄어쓰기 등을 걱정하지 말고 그냥 막 적어 보자.

연관 단어 나열하기는 디자인을 시작하기 전에 자신의 생각을 정리하는 중요한 준비 과정이고 언제든지 수정할 수 있으니 너무 진지하게 할 필요 없다. 무엇이든 처음부터 전력을 다하면 끝까지 가기 힘들다. 창작은 자유로운 사고에서 나온다는 것을 잊지 말자.

연관 단어로 유스케이스 작성하기

색상, 형태, 사진, 그림, 글꼴 등은 디자인의 기본 요소들이다. 디자인은 표현하고 싶은 주제에 맞게 기본 요소들을 선택하고 배치하는 작업이다. 기본 요소들을 선택하는 일이 디자인 작업의 절반을 차지한다. 디자인 주제가 명확해야 기본 요소들을 선택하고 배치하는 게 편해진다.

| 주제별로 기본 요소들을 선택하고 배치하자.

제목 정하기와 연관 단어 나열하기는 두루뭉술한 아이디어를 구체화시키는 작업이다. 개발자는 이 준비 작업에 익숙할 수 있다. 유스케이스(Use-case) 작성과 비슷하지 않은가? 개발 목적에 맞춰 기능들을 순서대로 적어 보는 유스케이스와 디자인 표현 주제를 글로 써 보는 디자인 준비 작업은 별반 다르지 않다.

실제로 연관 단어를 아무리 많이 적는다 해도 각 단어가 가진 의미가 비슷하다는 걸 알 수 있다. 자신이 표현하고픈 느낌은 앱을 기획하는 순간 무의식 속에서 정해진다. 디자인 준비 작업은 그 느낌을 눈에 보이게 하는 것이고 그래야 파악하기 쉽다.

시원하고 상쾌한 느낌의 디자인을 한다고 생각해 보자. 물, 가벼움, 상쾌함, 날씬함, 에어, 풍선, 높은 하늘, 민트, 수목원, 숲속 새벽 공기, 피톤치드, 수박과 같은 연관 단어들을 적을 수 있다. 이 단어들은 대부분 시원함과 상쾌함을 뜻하거나 그러한 의미를 가진 사물의 이름이다.

상쾌한 숲속이 연상되는 색을 모아보자.

작성한 연관 단어들이 디자인 요소 선택을 위한 기준이 된다. 색상은 하늘색이나 하얀색, 파란색, 에메랄드색, 연두색과 같은 밝은 톤을 선택하게 된다. 이미지나 사진은 신선한 야채나 과일, 푸른 바다, 폭포, 하늘, 숲속, 나뭇잎에 맺힌 이슬, 편백나무 숲을 선택하게 된다.

잡지에 나오는 음료수 광고와 에어컨 광고를 보자. 음료수와 에어컨 광고는 보기만 해도 시원함과 상쾌함이 느껴진다. 연관 단어 나열하기로 색상과 이미지를 선택하고 디자인하기 때문이다.

여름엔 역시
파란 줄무늬 모시!!!
Good Choice!

색상과 이미지를 생각하고
만든 여름 모시 옷

제목 정하기와 연관 단어 쓰기로 디자인 유스케이스를 작성하면 명확한 선택 기준이 생긴다. 디자인 작업을 좀 더 수월하게 진행할 수 있다.

PART 2

좋은 디자인의 기본 법칙
_색과 형태

디자이너가 한 디자인은 왜 심플하고 선명해 보일까? 한두 가지 색상만 사용했는데 왜 화사하고 색감이 풍부해 보이며 앱의 내용이 보기 좋게 정리되어 보일까? 왜 산뜻한 걸까? 뭔가 엄청난 비법이 있겠지?

그 비법의 정체는 디자인 기본 법칙이다. 디자이너는 디자인을 이루는 기본 요소인 밝기, 맑기, 색상, 형태의 특성을 이해하고 철저히 지킨다. 기본을 지켜야 디자인의 느낌이 좋아진다.

CHAPTER 1

색의 밝기

남이 하면 심플, 내가 하면 허전

아래 그림은 플랫 디자인 방식의 캘린터 앱이다. 글자와 아이콘이 세련된 느낌을 준다. 앱을 보는 순간 하얀색 바탕에 검은색 글자가 한눈에 들어온다. 디자이너가 날짜에 집중하라고 말하는 듯하다. 시선은 검은색 글자에서 중간 밝기 회색 글자로 흘러 시원하게 펼쳐진 하얀색 바탕으로 빠져나간다. 빨간색 아이콘과 알림 표시가 특별한 기능을 가지고 있음을 알린다. 눈길이 막힘없이 흐르기 때문에 이런 앱 디자인을 보면 산뜻한 느낌이 든다.

2014년 **7월**					Q	+
일	월	화	수	목	금	토
		1	2	3	4	5
6	7	8	9 프로젝트 시작일	10	11	12
13	14	15	16	17	18	**19** 개발자를 위한 디자인

| 앱을 실행하면 제일 먼저 요일과 날짜에 집중하라는 디자이너의 강한 의지가 보인다.

하얀색 바탕에 선이 가는 글자와 아이콘만 있는 디자인은 따라하기 쉬워 보인다. 하지만 막상 해 보면 생각만큼 쉽지 않다. 왜 남이 하면 산뜻하고 선명한 디자인이 내가 하면 답답하고 우중충한 디자인이 되는 걸까? 글꼴도 똑같고 레이아웃도 똑같다. 테이블 형태, 바탕색 밝기만 살짝 어두울 뿐인데 답답한 느낌이 든다. 왜일까?

2014년 **7월**						Q +
일	**월**	**화**	**수**	**목**	**금**	**토**
		1	2	3	4	5
6	7	8	9 프로젝트 시작일	10	11	12
13	14	15	16	17	18	⑲

| 이상은 높은데 현실은 우중충하다.

디자이너는 분명 비법이 있을 것이다. 하지만 생각만큼 신비한 비법은 아니다. 디자인 기본 법칙을 이해하고 디자인에 적용하는 것이 비법의 정체이다. 기본 법칙을 지키며 요소들의 균형을 잡고, 중요한 부분을 확실히 강조해서 정보 전달력을 높여주면 디자인은 훨씬 좋아진다.

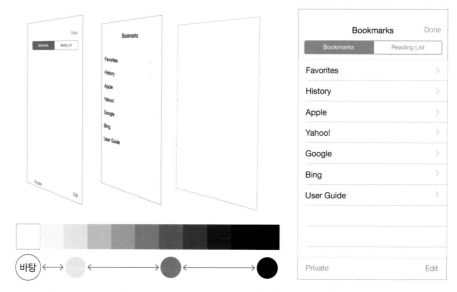

| 중요 정보는 진하게, 보조 정보와 배경은 은은하게 처리하여 색의 밝기 차이 법칙을 이용하면 디자인 느낌이 산뜻하고 선명해진다.

첫 번째 법칙은 색의 밝기 차이 법칙이다. 두 색의 밝기 차이가 크면 분리 되어 보이고, 밝기 차이가 작으면 하나로 합쳐 보인다. 예를 들면 밝은 회색 바탕과 하얀색 사각형 사이에 있는 검은색 사각형은 바탕과 뚜렷하게 분리되어 보인다. 반대로 어두운 회색 바탕과 회색 사각형 사이에 있는 검은색 사각형은 바탕과 하나되어 보인다.

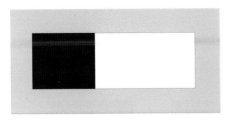 

| 밝은색 사이에 있는 검은색이 배경과 분리되어 더 뚜렷해 보인다.

색의 본연의 밝기

하얀색은 가장 밝고 검은색은 가장 어둡다. 노란색은 밝고 보라색은 어둡다. 하늘색은 밝고 파란색(깊은 바다색)은 어둡다. 이렇듯 색상은 모두 자신만의 밝기를 가진다.

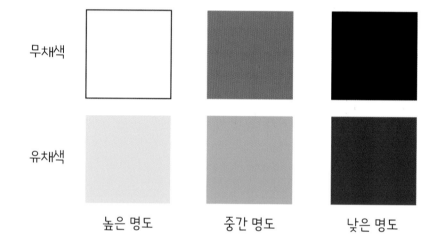

| 모든 색은 본연의 밝기를 가지고 있다.

하얀색, 회색, 검은색은 밝음과 어두움을 바로 느낄 수 있다. 반면 노란색, 빨간색, 파란색, 보라색은 특별히 의식하지 않으면 색의 밝기를 느끼기 힘들다. 이럴 때는 어도비 일러스트레이터(Adobe Illustrator)를 사용하여 색상들의 밝기를 확인할 수 있다. 프로그램을 실행하여 색상들을 선택하고, 메뉴에서 Edit 〉 Edit Colors 〉 Convert to Grayscale를 차례로 선택한다. 어도비 포토샵(Adobe Photoshop)은 메뉴에서 Image 〉 Adjustments 〉 Desaturate를 차례로 선택한다. 노란색은 밝은 회색으로, 파란색은 중간 밝기 회색으로, 빨간색은 어두운 회색으로 바뀐다. 이러한 방법으로 색상이 가진 본연의 밝기를 확인할 수 있다.

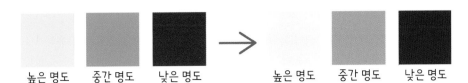

높은 명도　　중간 명도　　낮은 명도　　　높은 명도　　중간 명도　　낮은 명도

| 일러스트레이터에서 Convert to Grayscale 혹은 포토샵에서 Desaturate로 색상을 회색으로 변환하면 색이 가진 밝기를 쉽게 확인할 수 있다.

예쁜 색상들을 모아 글을 써 보자. 글자 색 하나하나를 예쁘게 꾸며본다. 알록달록 예쁘기는 한데 글을 읽고 이해하긴 힘들다. 왜일까? 글자 색을 회색으로 바꾸면 그 이유를 좀 더 쉽게 알 수 있다. 글자마다 밝기가 전부 달라 읽는 순서와 상관없이 어두운 색 글자가 먼저 보이고, 밝은 색 글자가 나중에 보이기 때문이다.

예제를 위해 글자 색을 전부 다르게 하는 게 더 힘들지 말입니다 -_-

| 예제를 위해 글자의 색을 전부 다르게 한 필자의 정성에 박수!

예제를 위해 글자 색을 전부 다르게 하 게 더 힘들지 말입니다 -_-

| 글자 색의 밝기가 전부 달라 글자가 띄엄띄엄 보인다. 왼쪽에서 오른쪽으로 순서대로 읽기 어렵다.

알록달록한 글자 색들을 전부 밝은 녹색으로 바꾼다. 밝은 녹색이 하얀 바탕색에 묻혀 희미해 보이지만, 그래도 색의 밝기가 전부 다를 때보단 훨씬 읽기 편해졌다. 짙은 녹색으로 바꾸면 더욱 읽기 편해진다.

글자 색을 하나로 통일하면 읽기 편하다.

| 글자 색이 밝아 흐릿하긴 하지만 순서대로 읽는 데는 문제가 없다.

밝은 색 바탕에선 어두운 색 글이 훨씬 더 잘 보인다.

| 하얀색 바탕에선 짙은 색 글자가 읽기 편하다.

'회색 척도(GrayScale)'라는 색상의 밝기를 확인하는 도구를 만들어 보자. 열한 개로 나눈 칸을 하얀색부터 검은색까지 10%씩 점점 어둡게 한다. 색의 밝기 차이를 확인할 때 유용하게 쓰인다.

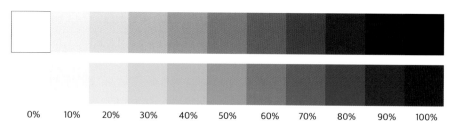

| 회색 척도로 색상 본연의 밝기를 확인한다.

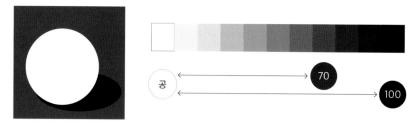

| 회색 척도는 앞으로 자주 보게 될 테니 반갑게 맞이하자.

03 색의 밝기가 만드는 느낌

"딩동!" 그 누구보다 반가운 택배 아저씨가 왔다. 아래 그림의 하얀색 택배 상자와 검은색 택배 상자 중 어느 것이 더 무거울까? 사실 두 상자의 무게는 똑같다. 하지만 검은색 상자가 하얀색 상자보다 더 무거워 보인다. 심리적으로 하얀색은 가벼워 보이고, 검은색은 무거워 보인다.

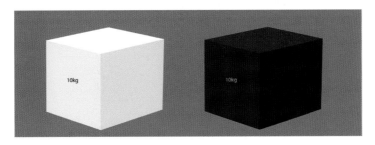

색이 밝으면 가벼워 보이고 어두우면 무 거워 보인다.

65

어두운 색에서 중심으로 갈수록 점점 밝아지는 그림을 보면 위로 솟아오르는 느낌이 든다. 마치 나에게 다가오는 듯하다. 반대로 밝은 색에서 중심으로 갈수록 점점 어두워지는 그림을 보면 밑으로 들어가는 느낌이 들면서 나에게서 멀어지는 것 같다. 어두운색 사이에 있는 밝은 색은 가까워 보이고, 밝은 색 사이에 있는 어두운 색은 멀어 보인다. 색의 밝기 차이는 평면 그림을 입체로 보이게 한다.

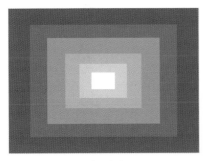
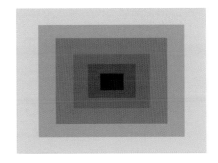

| 색의 밝기로 깊이감을 표현할 수 있다.

밝은 색(파스텔 톤)을 모아 보면 귀엽고 사랑스럽고 부드러운 느낌이 든다. 중간 밝기 색(중간 톤)을 모아 보면 활기차고 산뜻한 느낌이 들고 보고 있으면 힘이 난다. 어두운 색을 모아 보면 중후하고 우아한 느낌이 든다. 색상 밝기가 디자인의 분위기를 만든다.

색은 밝기에 따라 느낌이 달라진다.

밝은 색 자동차는 귀여워 보이고 중간 밝기 색 자동차는 힘이 넘쳐 보인다. 어두운 색 자동차 는 중후한 느낌이 감돈다. 이처럼 색 밝기는 자동차의 분위기를 바꿔 버린다. 똑같은 모양의 자동차를 달리 보이게 한다.

밝기 차이가 만드는 흐름

앱에는 많은 종류의 정보가 있다. 앱의 핵심 내용인 중요 정보, 그와 관련된 보조 정보, 활성 아이콘과 비활성 아이콘이 있다. 사용자가 알아서 앱의 정보를 천천히 분류하며 사용하면 좋겠지만, 사용자 입장에서는 정보가 잘 정리된 앱을 편하게 사용하고 싶어 한다. 앱을 열면 핵심 내용인 중요 정보가 가장 먼저 보여야 한다. 정보들이 뒤죽박죽 섞여있으면 사용자가 단번에 알아보기 힘들어 앱을 개발한 의미가 흐려진다.

어떻게 중요 정보를 한눈에 보이게 할까? 무조건 제일 크고 두껍게 표현하면 될까? 이는 마치 볼품없는 간판들로 거리의 미관을 망가뜨리는 행위와 같다. 중요 정보를 강조하되 전체 균형을 깨지 않아야 한다.

| 중요 정보 | 보통 정보 | 소소한 정보 |

어느 것이 중요한 정보인지 모르겠는 디자인

| **중요 정보** | 보통 정보 | 소소한 정보 |

중요 정보일수록 두껍게

| **중요 정보** | 보통 정보 | 소소한 정보 |

중요 정보일수록 크게

| **중요 정보** 보통 정보 | 소소한 정보 |

이 정도로 강조하면 만족할 수 있을까?

글자 크기만으로 중요 정보를 강조하기에는 모바일 화면이 너무 작다. 현명한 개발자는 그렇게 좋은 방법이 아니란 걸 금방 눈치챘을 것이다. 디자인 기본 법칙에서는 정보를 크기로 강조하는 법 외에도 다양한 강조법이 있다.

중요 정보	보통 정보	소소한 정보

중요 정보의 색상과 바탕색의 밝기 차이가 크면 뚜렷하게 보인다.

밝기 차이를 다르게 하는 방법으로 개발자답게 문제를 해결해 보자. 중요 정보는 검은색으로 하고 보통 정보와 소소한 정보는 밝은 회색으로 한다. 검은색 중요 정보는 하얀색 바탕으로 부터 뚜렷하게 분리되어 보여 자연스럽게 강조된다. 보통 정보와 소소한 정보는 바탕과 밝기 차이가 작아 바탕에 묻혀 보인다. 글자 크기를 키워 균형을 깨지 않아도 중요 정보를 강조할 수 있어 다행이다. 화면을 큰 글씨로 가득 채우지 않아도 되니 말이다.

중요 정보	보통 정보	소소한 정보

뚜렷한 정도에 따라 중요 정보에서 보통 정보, 소소한 정보의 순서로 시선이 자연스럽게 흐른다.

사람의 시선은 뚜렷한 것에서 희미한 것으로 이동한다. 예를 들면 하얀색 바탕에서는 검은색 하트가 가장 먼저 보이고, 중간 회색 하트, 밝은 회색 하트 순으로 보인다. 어두운 색 바탕에서는 반대 순서로 보인다.

당신은 무의식 중에 위의 순서대로 하트를 보았다.

검은색 바탕에서는 순서가 반대다.

바탕색 밝기로 결정하는 스타일

중요 정보를 강조하려면 바탕색과 밝기 차이가 커야 한다. 중요 정보는 바탕색에 의해 결정된다. 그림을 주인공과 배경을 따로 분리해서 볼 수 없다. 배경을 지우고 주인공만 볼 수 없고, 주인공을 지우고 배경만 볼 수 없다. 주인공과 배경을 함께 봐야 그림의 맥락을 이해할 수 있다. 산에 있는 토끼는 산토끼, 달에 있는 토끼는 달토끼로 보인다.

| 배경만 다를 뿐인데 산토끼가 달토끼가 되었다.

앱 디자인을 예로 든다. 바탕과 요소를 따로 분리해서 볼 수 없다. 검은색 아이콘은 하얀색 바탕에 있을 때는 활성 아이콘이지만, 어두운 색 바탕에 있을 때는 비활성 아이콘이다.

| 밝은 색 바탕 위에서는 검은색 아이콘이 활성 아이콘이다.

| 어두운 색 바탕에서는 그 반대가 된다. 디자인 요소는 바탕색에게 잘 보여야 한다. 자신의 역할이 뒤바뀔 수도 있기 때문이다.

이처럼 바탕색이 디자인의 느낌을 결정한다. 바탕색 밝기는 다른 요소의 밝기를 결정하는 기준이 된다.

| 같은 디자인인데 바탕색에 따라 느낌이 달라진다.

| 중요 정보는 바탕과 밝기 차이를 크게, 보조 정보는 밝기 차이를 작게, 비활성 정보는 밝기 차이를 미미하게 하는 것이 좋다.

깜깜한 밤에 더욱 빛나는 별

Section

중요 정보가 강조되려면 바탕색과 밝기 차이가 커야 한다. 알퐁스 도데의 《별》에서 목동과 스테파네트 아가씨가 바라보던 별은 밤에 더욱 빛났다. 낮에는 보이지 않고 야심한 밤에만 밝게 빛났다. 밤에 별보며 분위기 잡으라고 밤에만 빛났을까? 아니다. 별은 낮이고 밤이고 항상 그 자리에서 똑같은 밝기로 빛나고 있다. 하늘색이 변할 뿐이다.

| 밤에 분위기 타라고 별이 더욱 밝아진다고 생각했는가. 하늘색이 변했을 뿐 별은 그 자리에 있었다.

하늘이 밝으면 별은 덜 밝아 보이고, 하늘이 어두우면 별은 더 밝아 보인다.

| 대낮의 별보다 한밤의 별이 확실히 밝아 보인다.

색의 밝기는 주변 색 밝기에 따라 자신의 밝기보다 더 밝아 보일 수도, 어두워 보일 수도 있다. 서로 영향을 주고받는다. 역시 내 키가 작은 게 아니라 주변 사람 키가 쓸데없이 큰 것이다. 그렇게 생각하고 싶다.

바탕과 글자의 명도 대비가 크면 글이 선명하게 보인다.	바탕색 0% 하얀색 글자색 85% 짙은 회색
바탕과 글자의 명도 대비가 작으면 글이 희미하게 보인다.	바탕색 95% 검은 회색 글자색 85% 짙은 회색

| 짙은 회색 글자는 하얀색 바탕에서 어두워 보이지만, 검은색 바탕에서는 밝아 보인다.

어두워졌다　어두워진다　기준!　밝아진다　밝아졌다

| 역시 바탕은 그냥 배경이 아니다. 디자인에 막대한 영향을 끼치는 배후 세력이다.

중요 정보는 무조건 바탕색과 밝기 차이를 크게 한다. 뚜렷하고, 강하고, 산뜻해 보인다.

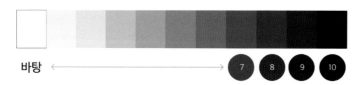

바탕

보조 정보는 바탕색과 밝기 차이를 중간으로 한다. 부드럽고 은은하게 보인다.

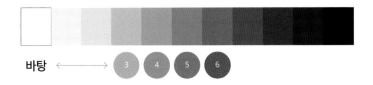

비활성 정보는 바탕과 밝기 차이가 거의 없는 게 좋다. 보일 듯 말 듯해야 한다.

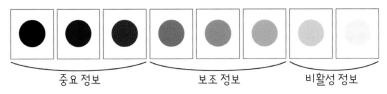

| 밝기 차이로 정보를 분류한다.

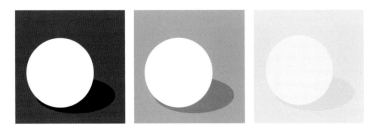

| 바탕과 공의 밝기 차이가 크면 뚜렷해 보이고 밝기 차이가 작으면 희미하게 보인다.

색의 밝기 차이 법칙을 이용하면 핵심 내용을 금방 알아볼 수 있게 할 수 있다. 주제가 명확하고, 뚜렷하고 산뜻한 느낌의 디자인을 할 수 있다.

모바일 화면에서 사진이
더 선명해 보이는 이유

모바일 화면에서는 색의 밝기 차이가 겨우 1~3%만 나도 뚜렷하게 구분된다. 그래서 인쇄물에서는 그 차이를 볼 수 없지만 모바일 화면에서는 차이가 확실히 보인다. 모바일 기기의 화질이 좋은 것도 이유지만, 색의 밝기 차이에서 생기는 그러데이션 착시 효과 때문이기도 하다. 다시 한번 회색 척도를 보자. 모두 단색인데 각 칸마다 색을 그러데이션한 것 같다. 덕분에 각 칸의 경계가 뚜렷하게 분리되어 보인다.

| 그러데이션은 색상을 한쪽은 진하게 하고 반대쪽으로 갈수록 옅어지게 하는 채색 방법이다. 반대말은 단색이다.

한 칸씩 분리해 보면 분명 단색인데 함께 놓고 보면 그러데이션 되어 보인다.

따로 보면 단색이지만 함께 보면 그러데이션 효과로 보인다.

상대적인 색의 밝기 차이 법칙으로 인해 옆 칸의 색이 밝으면 어두워 보이고, 옆 칸의 색이 어두우면 밝아 보인다. 이러한 현상이 한 칸에서 동시에 이루어지니 그러데이션 되어 보이는 것이다. 덕분에 경계가 뚜렷하게 보인다. 색의 미묘한 차이를 표현할 수 있는 모바일 화면에서 사진이 선명하고 예뻐 보이는 이유이다.

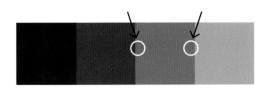

모바일 화면에서는 두 색의 밝기 차이
가 1~3%만 있어도 그러데이션 착시
효과가 생긴다.

그러데이션 착시 효과는 테이블 뷰의 칸을 나눌 때 유용하다. 개인의 취향 차이가 있지만, 진한 색 경계선으로 칸을 나누는 디자인보다 은은한 색상 밝기 차이로 화면을 나누는 디자인이 깔끔한 느낌이 든다.

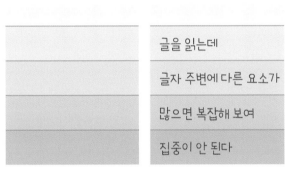

글을 읽는데

글자 주변에 다른 요소가

많으면 복잡해 보여

집중이 안 된다

| 각 테이블 셀의 밝기 차이를 5%씩 주고, 각 셀 사이에 경계선도 넣었다. 화면이 여섯 개의 사각형으로 조각나 보인다. 진한 경계선이 글을 읽을 때 시선을 분산시킨다.

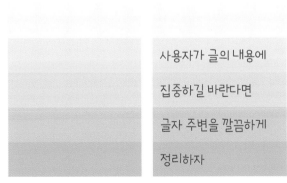

사용자가 글의 내용에

집중하길 바란다면

글자 주변을 깔끔하게

정리하자

| 각 테이블 셀의 밝기 차이를 5%씩 주고 경계선은 없앴다. 글을 읽을 때 시선을 빼앗던 경계선이 없어져 테이블 뷰가 하나로 합쳐 보이고 글도 잘 읽힌다.

CHAPTER 2
색의 맑기

꽃보다 화사한 개발자

오늘도 개발자는 더 좋은 앱을 만들기 위해 온 힘을 다해 코딩을 한다. 예상했던 숫자만큼 버그가 발견되면 왠지 안심이 되면서 개발자의 얼굴색이 화사해진다.

| 에헤라! 좋구나. 얼굴색이 꽃처럼 화사하구나.

별 생각 없이 코드를 짰는데 버그가 한 개도 없다면, 개발자는 왠지 모를 불안감에 휩싸여 얼굴색이 칙칙해진다.

| 오늘도 극한 직업 개발자, 우리들의 프로그램 안전 위생을 위해 버그 잡기에 여념 없다.

생기가 넘치는 개발자의 얼굴색을 보면 맑고 화사하다. 딱 봐도 '좋은 일이 있구나!' 하는 생각이 든다. 우울해진 개발자의 얼굴색을 보면 칙칙하고 착 가라앉아 왠지 위로를 건네야 할 것 같다.

화사한 얼굴색을 보면 덩달아 기분이 좋아진다.

다른 색상이 섞이지 않은 색상은 맑다. 순수한 색상 혹은 원색이라고 한다. 빨간색, 녹색, 파란색 같은 원색은 화사하다. 강렬하기도 하고 생기가 느껴진다. 원색을 섞어 다양한 색상을 만들 수 있다. 여러 색상이 섞이면 색상은 탁해지고 원색이 가진 강렬한 느낌이 줄어든다.

채도가 높으면 맑은 색

채도가 낮으면 흐린 색

| 만약 주변에 있는 개발자의 얼굴색이 맑고 화사하다면, "뭐 좋은 일 있어? 오늘 얼굴색이 맑은 원색이네"라고 말해보자.

순도 100%, 진한 맛의 원색

100% 과일 원액 주스의 색상은 맑고 생생하다. 과일 원액이 100%인 만큼 맛도 진하다. 하지만 과일 원액에 물을 타면 그만큼 주스의 맛과 색이 엷어진다.

100% 원액 토마토주스   50% 물로 희석한 주스   90% 물로 희석한 주스

| 100% 과일 원액에 물을 많이 넣으면 양은 많아지지만 맛은 밍밍해진다.

맑은 원색은 본래의 색이 생생히 살아있다는 뜻이다. 100% 과일 원액에 물을 타면 주스의 색상이 엷어지듯, 순수한 원색 100%에 하얀색을 섞으면 본래의 색상이 흐릿해진다.

채도 100% 빨간색   채도 50% 빨간색   채도 10% 빨간색

| 빨간색에 하얀색을 계속 섞으면 빨간색이 점점 흐릿해지면서 하얀색에 가까워진다.

모니터, 모바일 같은 화면 매체는 RGB 색 모드를 사용한다. RGB는 빛의 삼원색이며 빨간색(Red), 녹색(Green), 파란색(Blue)을 뜻한다. 다른 색과 섞이지 않은 순수한 색상이기 때문에 맑고 선명하다. 원색에 하얀색이 섞이면 색상이 흐릿해지며 밝아지고, 검은색이 섞이면 탁해지며 어두워진다. 이렇듯 색의 맑기와 밝기는 서로 연계되어 있어, 색의 맑기를 조절하면 색의 밝기도 함께 조절된다.

순수한 색상

하얀색이 섞인 색상

| 빨간색, 녹색, 파란색은 모니터용 빛의 삼원색이고, 분홍색, 노란색, 하늘색은 프린터용 삼원색이다.

순수한 색상

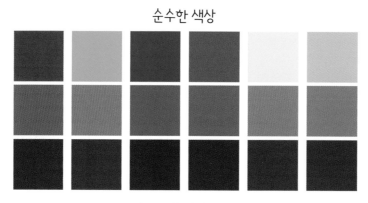

검은색이 섞인 색상

| 어떤 색이 섞이는가에 따라 색상은 흐릿해지거나 탁해진다.

강렬하거나 화려한 색 _ 원색

배가 고프다. 오늘 점심은 맛있는 라면이다. 라면은 입맛과 기분에 따라 매운맛, 중간맛, 순한 맛 중 하나를 골라먹을 수 있어 좋다. 매운맛 라면은 맛이 화끈한 만큼 국물이 강렬한 빨간색 이다. 중간맛 라면은 주황색, 순한 맛 라면은 부드러운 계란 노른자색이다. 국물색이 부드러워 지는 만큼 맛이 순할 것 같다.

매운맛 라면의 빨간색은 시각과 미각을 자극한다. 그 강렬한 색상이 시선을 사로잡는다. 물론 개인마다 취향의 차이는 있겠지만, 강렬한 빨간색에 시선이 먼저 가는 게 사실이다. 하지만 화 끈한 빨간색에 이끌려 매운맛 라면을 너무 많이 먹으면 위장병에 걸릴 수 있으니 조심하자.

| 난 세 그릇 다 먹지요~ 호로록!

원색은 강렬하고 화려하다. 색상이 톡톡 튀어 시선을 확 사로잡는다. 개발자는 디자인에 강렬 한 원색을 잔뜩 사용하려는 유혹에 빠진다. 원색은 강렬한 만큼 눈에 자극도 많이 준다. 특히 디자인에 강렬한 빨간색 원색이 많으면, 사용자의 눈이 금방 피곤해진다. 매운맛 라면이 위장 에 심한 자극을 주듯, 강렬한 원색은 눈에 심한 자극을 준다.

강력한 원색은 눈에 심한 자극을 준다. 잠깐 볼 때는 괜찮지만, 오래 보고 있으면 금방 눈이 피곤해진다. 강렬한 빨간색 원색 바탕 위의 이 글이 읽기 편한가?

강렬한 원색은 눈에 심한 자극을 준다. 잠깐 볼 때는 괜찮지만, 오래 보고 있으면 금방 눈이 피곤해진다. 빨간색 원색을 밝게 해 색을 흐리게 하면 눈이 훨씬 편해진다.

강렬한 원색은 눈에 심한 자극을 준다. 잠깐 볼 때는 괜찮지만, 오래 보고 있으면 금방 눈이 피곤해진다. 빨간색 원색을 밝게 해 색을 흐리게 하면 눈이 훨씬 편해진다.

| 원색은 화려하고 강렬한 만큼 눈에 심한 자극을 준다.

가장 먼저 보이는 색 _ 원색

여러 색상 중에 원색이 가장 먼저 눈에 띈다. 아래 숫자를 읽어보자. 큰 반항심이 없는 개발자라면 글이나 숫자를 왼쪽에서 오른쪽 방향으로 읽는다. 만약 이슬람 문화권에 살았던 사람이라면 반대 방향으로 읽는다.

1 2 3 4 5 6 7 8

보통 왼쪽에서 오른쪽으로 읽는다.

숫자를 마구 섞어놔도 그냥 왼쪽에서 오른쪽 방향으로 쭉 읽는 것을 보니 글을 읽는 방향은 잘 학습된 본능이다.

8 3 1 7 6 5 4 2

전화번호 읽듯이, 수의 크기에 관계없이 왼쪽에서 오른쪽으로 읽는다.

강력한 원색이 있다면 이 본능은 깨진다. 글을 읽는 방향에 상관없이 자신도 모르게 강력한 원색에 시선이 먼저 간다. 왼쪽부터 차례대로 읽으려 해도 강력한 빨간색 원색의 '6'이 방해한다.

1 2 3 4 5 6 7 8

글을 읽는 순서와 상관없이 강력한 빨간색 원색을 가장 먼저 본다.

67쪽 색의 밝기 내용에서 중요 정보를 밝기 차이로 강조했었다. 바탕색과 밝기 차이가 가장 큰 정보가 가장 먼저 보여 중요하게 느껴진다.

중요 정보　　　보통 정보　　　소소한 정보　　　**더 중요 정보**

| 눈에 가장 먼저 띄는 정보가 중요해 보인다.

하지만 강렬한 빨간색 원색의 정보가 있으면 더 먼저 보이고 더 강조되어 보인다.

중요 정보　　　보통 정보　　　소소한 정보　　　강조 정보

| 시선을 끄는 정보가 승!

사람은 강렬한 원색의 정보를 가장 먼저 보고, 바탕색과 밝기 차이가 큰 정보를 본 후 왼쪽에 있는 정보를 본다.

왼쪽에 있는 정보　<　**강한 밝기 대비 색상**　<　채도가 높은 색상

| 강렬한 원색의 정보가 끝에 있지만 가장 먼저 보인다.

앞서 59쪽에서 살펴보았던 애플의 캘린더 앱을 다시 보자. 이 앱의 디자인이 산뜻해 보이는 이유는 뚜렷한 밝기 차이와 꼭 필요한 곳에만 사용한 강조 색상 때문이다. 정보를 명확하게 분류하니까 보기 편하다.

2014년 **7월**						Q　＋
일	월	화	수	목	금	토
		1	2	3	4	5
6	7	8	9 프로젝트 시작일	10	11	12
13	14	15	16	17	18	**19** 개발자를 위한 디자인

| 모두가 흑백일 때 혼자만 색상이면 정말 눈에 띈다.

자그마한 메일 수신 알림 표시가 시선을 확 끄는 이유는 무엇일까? 바로 강렬한 빨간색 원색 때문이다. 이 작은 빨간색 동그라미를 무시할 수 있는 사람이 몇 명이나 될까? 원색은 사람의 시선을 끌어당기는 매력이 있다.

앗! 메일이다. 굿 뉴스일까?

무료함을 확 깨우는 색 _ 원색

강렬한 원색의 마법에 빠지면 무시하려 애를 써 봐도 절대 무시할 수 없다. 눈동자는 이미 맑고 강렬한 원색을 응시하고 있다. 차를 타고 어두운 숲길을 달리고 있다고 상상해 보자. 한참 동안 달리다 보니 단조로운 풍경에 점점 지루해진다. 마치 최면에 빠진 것처럼 의식이 흐려진다. 몇 년째 다니는 길이라서 이젠 눈 감고 운전할 수 있을 만큼 이 풍경에 익숙해져 더욱 지루하다.

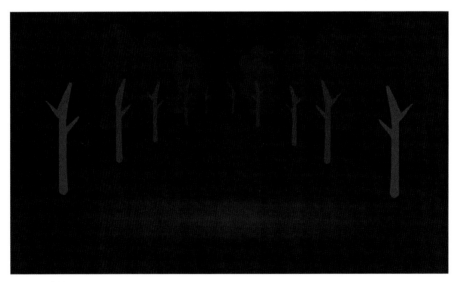

| 어쨌든 밤길은 왠지 무서워.

갑자기 저 앞에 아주 작은 불빛이 반짝거린다. 순간 몽롱했던 정신이 번쩍 들며, 저 불빛이 무엇인지 파악하기 위해 온 신경을 집중한다. 저 불빛의 정체는 바로….

| 아… 뭐지? 궁금하다 궁금해.

사람의 두뇌는 1초에 수백만 개의 시각 정보를 받아들인다. 이 정보들을 전부 받아들인다면 두뇌에 과부하가 걸릴 것이다. 그런 상황을 막기 위해 두뇌는 정보를 선별한다. 받을 건 받고 무시할 건 무시한다. 이를 '선택적 집중'이라고 한다. 주로 반복적인 정보, 움직이지 않은 정보, 익숙한 정보를 패턴처럼 하나로 묶어 대충 조합한 후 무의식중에 처리한다.

두뇌는 새롭지 않고, 중요하지 않다고 여기는 정보들을 무의식중에 처리한다. 매일 보는 풍경이나 반복되는 일은 의식하지 않으면 기억하기 힘들다. 두뇌는 익숙해지면 지루해 하고 무시한다. 코미디나 만화, 소설도 여러 번 보면 지루하게 느끼는 이유다.

익숙한 정보에 작은 변화가 보이는 순간, 두뇌는 다시 활성화된다. 변화된 정보를 빠르게 분석하고 재구성한다. 익숙한 정보의 모습을 깨는 대표적인 디자인 요소는 강렬한 원색 특히 빨간색을 사용한 알림, 주의, 경고 표시이다. 지금 검은색 글자들 사이로 빨간색 글자를 보는 순간 신선함이 느껴지지 않는가?

매일 보는 그저 그런 뉴스와 일상에 익숙해져 심심하고 지루하다. 뉴스 편집 방식도 항상 똑같아 집중이 잘 되지 않고 왠지 우울하다. 뉴스가 우울하기 때문인가?

내가 우울한 건 뉴스 때문만은 아닐 거야.

이때 화면에 아주 작은 변화가 생겼다. 작고 동그란 빨간색 표시가 보이는 순간 시선이 집중된다. 기분이 좋아지면서 설레기까지 하고 정신이 번쩍 든다. 주의를 집중시키는 강렬한 원색의 알림, 주의, 경고 표시는 크기가 클 필요도 없고, 개수가 많을 필요도 없다. 오히려 크기가 작고, 화면에 한두 개만 보일 때 각성 효과는 배가 된다.

내 블로그 포스팅에 댓글이 달렸을까? 좋은 댓글은 무료함에 빠진 필자를 살리는 힘이 있다.

06

흔한 강조는 무의미

강렬한 원색은 주의를 집중시킨다. 자신의 앱이 항상 주목받길 바라는 개발자는 톡톡 튀는 강렬한 원색을 디자인에 잔뜩 사용하고 싶어 한다.

캔버스를 옆으로 밀면 '삭제' 버튼, '복제하기' 버튼, '내보내기' 버튼이 나온다. 이 세 개의 버튼은 중요한 역할을 하니까 강조하고 싶다. 그래서 버튼을 강렬한 색상으로 디자인한다. 왜? 중요하니까! 잘 보이라고!

잘 보이라고 강렬한 색상을 사용했는데, 세 개의 버튼이 생각만큼 강조되어 보이지 않는다. 왜일까?

| 캔버스를 옆으로 밀면 메뉴가 나오는 디자인이다. 강렬한 색상을 사용해 강조했는데 생각만큼 되지 않는다.

RGB 빛의 삼원색을 설명한 글이다. 중요한 내용은 형광펜으로 줄을 치며 강조한다. 세상에 중요하지 않은 정보가 어디 있을까? 모든 단어가 중요해 보여서 모든 단어들을 형광으로 강조했더니 글 전체가 형광색이 되었다.

*RGB*는 빛의 삼원색이다. 빨간색, 녹색, 파란색을 뜻한다. 원색은 다른 색이 섞이지 않은 순수한 색이다. 그만큼 색이 맑고 선명하다. 원색에 하얀색을 섞으면 엷어지며 밝아진다. 검은색을 섞으면 탁해지며 어두워진다.

| 중요해 보이는 단어를 전부 형광색으로 칠했더니, 안 칠한 부분이 더 강조되어 보인다.

형광색으로 강조하지 않은 단어들이 거꾸로 강조되어 보이는 이유는 무엇일까? 아무래도 한 가지 색상의 형광펜을 사용해서 그런 것 같다. 그래서 더 강조되어 보이라고 각 단어들을 다양한 형광색으로 바꿔본다.

하지만, 생각과 달리 현란한 색상들이 눈을 어지럽혀 읽기 힘들다. 이젠 글의 내용이 뭔지도 모르겠다.

*RGB*는 빛의 삼원색이다. 빨간색, 녹색, 파란색을 뜻한다. 원색은 다른 색이 섞이지 않은 순수한 색이다. 그만큼 색이 맑고 선명하다. 원색에 하얀색을 섞으면 엷어지며 밝아진다. 검은색을 섞으면 탁해지며 어두워진다.

| 알록달록해서 중요해 보인다. 하지만 무슨 이야기인지 모르겠다.

화면 전체를 강조하고 싶어 강렬한 빨간색 원색으로 화면 전체를 채운다. 이상하게 빨간색 원색보다 하나뿐인 하얀색 알림 표시가 더 강조되어 보인다.

| 흔한 빨간색보다 하나뿐인 하얀색이 더 강조되어 보인다.

강렬한 원색이 무조건 눈길을 끄는 건 아니다. 강렬한 원색이 흔해지면 오히려 무시된다. 눈에 피로만 줄 뿐이다. 강렬한 원색이 주목을 끄는 이유는 바탕이나 글자 등 주변 요소의 색상이 상대적으로 엷거나 탁하기 때문이다. 즉 화면에서 흔하지 않은 색상이 강조되어 보인다. 빨간색이 많은 곳에선 상대적으로 하늘색이 눈에 띈다.

| 흔하지 않은 작은 빨간색 알림 표시가 눈길을 확 끌어 당긴다.

가장 핵심 단어 한두 개만 강조했을 때, 효과는 배가 된다. 형광을 잔뜩 칠한 글보다 핵심 단어

몇 곳만 강조한 쪽이 읽기에도 더 좋고 이해하기도 쉽다.

코드로 색상을 만들 때 자주 사용하는 RGB는 빛의 3원색으로써
빨간색, 녹색, 파란색을 뜻한다. 원색은 다른색과 섞이지 않은
순수한 색이며, 그 만큼 색이 맑고 채도가 높다. 원색에 하얀색을
섞으면 채도가 낮아지며 본래의 색이 바래지고 하얗게 변한다.

코드로 색상을 만들 때 자주 사용하는 RGB는 빛의 3원색으로써
빨간색, 녹색, 파란색을 뜻한다. 원색은 다른색과 섞이지 않은
순수한 색이며, 그 만큼 색이 맑고 채도가 높다. 원색에 하얀색을
섞으면 채도가 낮아지며 본래의 색이 바래지고 하얗게 변한다.

강조는 수가 적을수록 효과적이다.

삭제, 복제하기, 내보내기 기능 모두 중요해 보여 전부 강렬한 원색으로 강조하고 싶겠지만,

욕심이 과하면 모든 걸 망칠 수 있다. 한 클래스에 이름이 같은 변수가 있을 수 없듯이 한 화면

에서 강조되는 부분이 여러 개 있으면 안 된다. 가장 핵심이 될 기능만 신중하게 선택해서 강

조해야 한다.

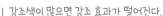

| 강조색이 많으면 강조 효과가 떨어진다.

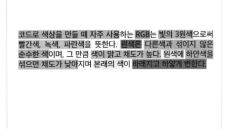

'삭제' 버튼만 강조해 보자. 삭제는 사용자의 주의와 집중이 필요한 명령이다. 한번 지우면 되돌리기 힘들다. 사용자가 반복 작업에 익숙해져 무의식중에 중요 파일을 지울 수도 있다. 다음과 같이 '삭제' 버튼만 강렬한 빨간색 원색을 사용하면 디자인도 깔끔해지고 강조 효과도 좋아진다. 혹시 모를 사용자의 실수를 방지할 수도 있다.

코드로 색상을 만들 때 자주 사용하는 RGB는 빛의 3원색으로써 빨간색, 녹색, 파란색을 뜻한다. 원색은 다른색과 섞이지 않은 순수한 색이며, 그 만큼 색이 맑고 채도가 높다. 원색에 하얀색을 섞으면 채도가 낮아지며 본래의 색이 바래지고 하얗게 변한다.

| 중요한 내용만 강조하여 메시지가 명확하게 전달되는 디자인이 세련된 디자인이다.

맑기 차이 주고 화사함 몰아주기

색상은 언제 가장 화사해 보일까? 잠시 복습해 보자. 상대적인 밝기 차이 법칙을 기억해 보자.

상대적인 밝기 차이 법칙이 맑기 차이 법칙에도 그대로 적용된다.

색의 맑기도 주변 요소의 맑기에 영향을 받는다. 주변 색 맑기와 비교되어 더 화사해 보이거나, 덜 화사해 보이는 현상이 일어난다. 상대적인 맑기 차이 법칙이다.

색상은 주변 색 맑기에 따라 덜 화사해 보이거나, 더 화사해 보인다.

모든 색상은 탁한 어두운 바탕색에서 더 화사해 보인다. 탁한 어두운 색이 화사함을 몰아주기 때문이다.

상대적인 맑기 차이 법칙은 단체 미팅 때 나를 돋보이게 해주는 친구와 같은 효과랄까.

다음 A, B 예제를 보자. 둘 중 활성 아이콘의 맑은 색이 더 돋보이는 것은 어느 쪽일까? 맑은 색은 탁한 색 사이에 있을 때 더 돋보인다.

A

B

| 활성 아이콘 색상과 주변 색상의 맑기 차이를 크게 줘서 활성 아이콘의 색상을 강조하자.

모태형광 _ 노란색 원색

빨간색, 녹색, 파란색 즉 RGB는 개발자에게도 익숙한 단어이다. RGB를 서로 섞거나 RGB에 하얀색 혹은 검은색을 섞어 다양한 색상을 만들 수 있다. 그래서 RGB 이외의 색상을 '혼합색' 이라 부른다. RGB는 어떠한 색상도 섞이지 않아 순수한 색, 즉 '원색'이라고 한다.

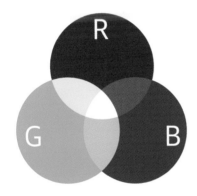

RGB는 신기하게도 색을 섞을수록 더 밝아진다. 그 이유는 106쪽 색상 편에서 설명하겠다. 아~ 궁금하다 궁금해.

RGB 원색이 아닌데 원색과 같은 강조 효과를 가진 색상이 있다. 노란색은 RGB 색 모드에서 빨간색(R)과 녹색(G)을 반씩 섞어 만든다. 노란색은 RGB 색 모드에선 혼합색이지만 CMYK 색 모드에선 원색이다. 앱, 웹 디자인은 RGB 색 모드를 사용하므로 RGB 색 모드를 기준으로 설명한다. RGB, CMYK 색 모드에 대한 자세한 이야기는 106쪽 색상 편에서 이어 하겠다.

밝은 색상을 만들기 위해선 원색에 하얀색을 섞어야 한다. 그래서 밝은 색상들은 색이 엷어진 다. 하지만 노란색은 하얀색을 섞지 않아도 밝은 단 하나뿐인 색상이다. 하얀색만큼 밝으면서 RGB 원색만큼 강렬한 모태형광 노란색이다.

어두운 회색 바탕에 하얀색 버튼과 노란색 버튼이 있다. 두 그림을 비교하면 하얀색 버튼보다 노란색 버튼이 눈에 더 잘 띈다. 하얀색 버튼은 어두운 색 바탕과 밝기 차이만 크다. 노란색 버튼은 밝기 차이와 맑기 차이 둘 다 크다. 노란색은 하얀색만큼 밝으면서도 강렬한 형광 원색이기 때문이다.

노란색은 밝기도 하고 맑기도 해 형광펜 색상으로 많이 사용한다.

노란색은 밝은 색상이기 때문에 하얀색이나 밝은 색 바탕에선 잘 보이지 않는다. 노란색은 바탕색이 어두울수록 잘 보인다. 특히 바탕이 파란색일 때는 더욱 그렇다. 파란색이 밝은 하늘색이던 깊은 바다색이던 관계없이 노란색이 돋보인다. 파란색과 노란색은 밝기와 맑기 차이 둘 다 크고, 서로 반대 색상이다. 세 가지 속성의 차이가 모두 크니 눈에 띌 수밖에 없다.

| 노란색은 파란색과 함께 있을 때 가장 돋보인다.

멈추시오!_빨간색 원색

빨간색 원색은 자극이 세다. 잠시만 봐도 눈이 피로하다. 빨간색 원색을 바탕색으로 사용하면 자극이 심해 가뜩이나 눈이 피곤한 사용자들의 원성을 들을 수 있다. 아무리 빨간색이 매력적 이고 시선을 사로잡아도 면적이 넓은 바탕색으로 사용하는 것은 주의해야 한다.

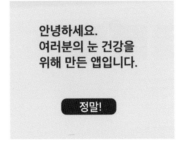

| 빨간색 원색은 사용자의 시선을 끌지만, 그만큼 눈에 피로도 준다.

모두가 'Yes'라고 할 때 혼자 'No'라고 하는 사람이 멋지게 주목받듯이(혹은 찍히 듯이), 넓은 바탕에 칠해진 빨간색보다, 작은 면적에 칠해진 빨간색이 훨씬 더 인상적이다.

RGB는 빛의 삼원색이다. 빨간색, 녹색, 파란색 을 뜻한다. 원색은 다른 색이 섞이지 않은 순수 한 색이다. 그만큼 색이 맑고 선명하다. 원색에 하얀색을 섞으면 옅어지며 밝아진다. 검은색을 섞으면 탁해지며 어두워진다.

RGB는 빛의 삼원색이다. 빨간색, 녹색, 파란색 을 뜻한다. 원색은 다른 색이 섞이지 않은 순수 한 색이다. 그만큼 색이 맑고 선명하다. 원색에 하얀색을 섞으면 옅어지며 밝아진다. 검은색 을 섞으면 탁해지며 어두워진다.

| 아무리 강렬한 빨간색이라도, 흔해지면 더 이상 주목받는 색상이 아니다.

빨간색 신호등이 켜지면 멈춰야 한다. 어디서든 빨간색 표식을 보면 잠시 멈추고 확인하게 된다. 빨간색 알림은 시선의 흐름을 잠시 멈추고 신중히 확인하라는 뜻이다.

빨간색 불빛을 보면 일단 멈춰야 한다.

사람은 빨간색을 보면 본능적으로 집중한다. 강렬한 원색을 봐도 집중한다. 빨간색이 강렬하기까지 하니 과연 빨간색 원색은 색상 중의 왕이다.

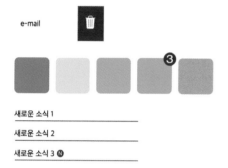

빨간색 알림을 보면 일단 확인하고 싶어진다.

빨간색 원색은 원활한 시선 흐름을 위해 정말 중요한 정보 한두 곳에 사용하는 것이 좋다. 길을 가는데 빨간색 신호등에 자주 걸리면 은근히 짜증난다. 교통도 시선도 흐름이 원활해야 쾌적하다.

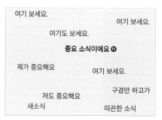

| 빨간색을 남용하면 마치 길거리 호객 행위처럼 사용자의 짜증을 불러올 수 있다.

긍정의 메시지_녹색 원색

빨간색 신호등이 켜지면 멈춰야 한다. 빨간 신호를 무시하고 지나가다가는 큰일 난다.

멈추시오!

급하다, 급해. 신호야 빨리 좀 바뀌어라. 딩동! 드디어 녹색 신호로 바뀌었다. 이젠 안심하고 길을 건너도 된다. 왼쪽 오른쪽 잘 살피고 운전자와 눈인사도 하며 손도 꼭 높이 들고 길을 건너자.

안심하고 지나가시오.

머나먼 나라의 개발자가 한국에도 앱을 출시했다. 하지만 아직 번역 작업이 끝나지 않았나 보다. 어느 게 '좋아요' 버튼인지 '싫어요' 버튼인지 정말 모르겠다. 그래도 '좋아요' 버튼을 꼭 눌러야 한다면 어떤 색 버튼을 누르고 싶은가?

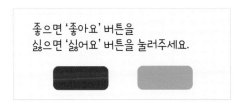

좋으면 '좋아요' 버튼을
싫으면 '싫어요' 버튼을 눌러주세요.

녹색은 허락, 빨간색은 금지의 느낌이 든다.

색상은 메시지가 있는 단어와 같다. 녹색은 허락, 동의, 통과, 좋음, 건강, 안전, 안심과 같은 긍정의 메시지를 전달한다. 동그란 도형은 허락의 의미를 가지고 있다. 다음과 같이 긍정의 색상과 허락의 도형이 만나면, 긍정의 느낌은 두 배로 강해진다.

도형과 색상, 문자는 보는 사람에게 메시지를 전한다.

"이 기능을 사용하시겠습니까?"라고 사용 여부를 묻는 버튼이 녹색일 경우는 On, 회색일 경우는 Off의 의미가 강하다.

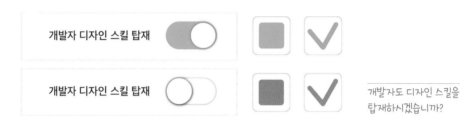

개발자도 디자인 스킬을 탑재하시겠습니까?

녹색은 풍족함의 메시지를 전한다. 스마트폰 배터리의 녹색 칸이 꽉 차있으면 안심이 되고 마음에 여유가 생긴다. 녹색 칸이 줄어들면 마음이 조급해지다가, 빨간색으로 변하는 순간 우리는 안절부절한다.

꽉 찬 녹색을 보면 왠지 모르게 마음이 풍족하다.

아무리 긍정의 녹색이라 해도 강렬한 원색이라면 빨간색 원색만큼 눈을 피곤하게 한다. 강렬한 녹색 원색은 형광 빛이 난다. 형광색은 눈을 피곤하게 한다. 빨간색 원색을 바탕색으로 사용하지 않는 것이 좋듯, 형광 녹색도 바탕색으로는 사용하지 않길 바란다. 같은 말을 몇 번씩 반복한다는 것은 정말 중요하단 뜻이다. "에~ 또~ 마지막으로…."

형광 녹색을 바탕색으로 사용하고 싶다면 원색을 밝게 하거나 어둡게 한다. 화면에 형광색이 많으면 디자인이 정말 촌스러워진다. 참고로, 인쇄물과 모니터의 색 재현력이 달라서 책에선 형광색을 느낄 수 없다.

| 아무리 강한 긍정의 녹색이라 할지라도 형광색은 눈을 아프게 한다.

녹색 원색의 맑기를 조절해서 앱의 바탕색으로 사용하는 예를 들어 본다. 모바일용 네이버는 1~3초 동안 짧게 보이는 인트로의 바탕색을 맑은 녹색으로 사용한다. 처음엔 형광 녹색을 사용해서 눈이 피곤했다. 그 후 녹색이 살짝 진하게 바뀌어 눈이 편해졌다. 인트로의 바탕색은 살짝 진한 녹색, 본문의 바탕색은 하얀색을 사용한다. 검색 바와 버튼 색상은 인트로 바탕색과 같은 녹색으로 맞췄다. 디자인의 대표 색상은 녹색이다.

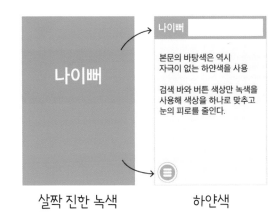

| 처음에 출시했을 때 사용한 녹색과 지금의 녹색을 비교하면 여러 번 색상 수정을 통해 가장 보기 좋은 색상을 찾은 걸 알 수 있다.

쉿! 조용한 강조 _ 파란색 원색

파란색 원색은 어둡다. 검은색을 전혀 섞지 않아도 어둡다. 노란색이 타고난 밝은 색상이라면
파란색은 타고난 어두운 색상이다.

믿을 수 없겠지만, 두 색상의 밝기와
맑기는 같다.

파란색은 원색인데 색상의 밝기가 어두워 원색답지 않게 눈에 잘 띄지 않는다. 특히 바탕색이
어두울 경우 바탕색과의 밝기 차이가 별로 없어 잘 보이지도 않는다. 그래도 명색이 원색인데.

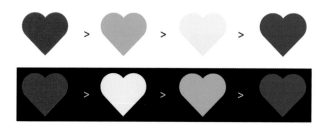

사실 빨간색 원색과 파란색
원색의 밝기는 같은데, 빨간
색이 워낙 강렬해 파란색보
다 더 밝아 보인다.

톡톡 튀어 사용자의 시선을 사로잡아야 할 원색이 눈에 잘 띄지 않다니, 파란색 원색은 강조
색상이 될 수 없는 것일까? 강조 못할 원색은 없다. 파란색 원색이 진가를 발휘하는 때가 있
다. 혹시 단체 사진을 찍을 때 큰 얼굴 때문에 주눅 들었던 적이 있는가? 얼굴이 새파랗게 질
린 채 사진을 찍어보자. 그럼 파란색이 얼굴을 작아 보이게 해 줄 것이다. 멋지지 않은가?

파란색 얼굴이 제일
작아 보인다. 야호~!

앱을 만든 개발자에게는 앱의 모든 내용과 알림이 중요하겠지만, 그렇다고 모두 심각하고 긴급한 건 아니다. 모든 알림을 긴급을 뜻하는 빨간색으로 표현한다면 사용자는 뭐가 긴급 알림인지, 중요 알림인지, 일반 알림인지 헷갈려 할 것이다.

모든 걸 다 알고 계시는 산타 할아버지도
어떤 것이 일반 알림인지 긴급 알림인지
구분하기 힘들다. 선물 받기 어렵다.

빨간색 원색 알림은 어디에 있든지 가장 먼저 눈에 띈다. 시선의 흐름을 끊는다.

1. 시선은 위에서 아래로
2. 왼쪽부터 오른쪽으로
3. 순차적으로 흐르지만
4. **빨간색이 팍! 보이면**
5. 흐름이 뒤엉킨다

1. 시선은 위에서 아래로
2. 왼쪽부터 오른쪽으로
3. 순차적으로 흐르지만
4. 빨간색이 팍! 보이면
5. 흐름이 뒤엉킨다

사람은 빨간색을 보면 긴
장하게 돼 있다.

내용은 즐거운데 빨간색 원색을 사용하면 왠지 심각하고 긴박해 보인다.

빨간색은 아주 큰 목소리로
외치는 것처럼 강조하는 느
낌이다. 지금 화내는 거야?
아니, 강조한 거야!

파란색 원색은 푸른 하늘과 평온한 바다처럼 편안한 느낌이 든다.

조용하고 평온한 강조 색상 파란색 원색은 시선의 흐름을 방해하지 않는 강조 색상이다.

파란색 원색 알림은 사용자에게 조용하게 말을 건다. 사용자가 여유롭게 생각할 시간을 준다.

Happy new year~ ^^

YES

휴식 모드

조용히 있다고 무시하지 말자. 생각이 깊은 거다.

파란색은 시선을 확 끄는 화려함은 없지만, 조용히 내용에 집중할 수 있게 해주는 멋진 강조 색상이다.

비활성 아이콘 　　　활성 아이콘

본문을 좀 읽으려는데, 활성 아이콘의 빨간색이 내 시선을 자꾸 유혹한다

비활성 아이콘 　　　**활성 아이콘**

그렇다고 활성 아이콘 색상을 검은색으로 하니, 본문과 활성 아이콘을 구분하기 힘들다

비활성 아이콘 　　　활성 아이콘

활성 아이콘 색상을 파란색으로 하니, 글도 읽기 편하고 본문과 활성 아이콘도 명확히 구분된다

파란색 원색은 시선의 흐름을 방해하지 않으면서 조용히 강조하는 배려 깊은 색상이다

| 내용을 편하게 읽으라고 조용히 강조하는 멋진 파란색이다.

어두운 바탕색 위에 파란색 원색과 밝은 바탕색 위에 파란색 원색을 비교해 보자. 어두운 바탕색 위에 파란색 원색은 잘 보이지 않는다. 파란색 원색이 아무리 조용히 강조하는 멋진 원색이라 할지라도 보이지 않는다면 의미가 없다. 파란색 원색을 강조색으로 사용할 때는 바탕색으로 밝은 색을 사용하는 게 좋다.

| 파란색 원색은 RGB 모드 화면에서만 표현 가능한 색상이다. 책에 인쇄된 색상은 실제 파란색 원색과 많이 다르다.

파란색 원색을 회색으로 바꾸면 상당히 어둡다.

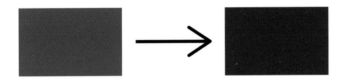

바탕색마저 어두우면 파란색 원색이 눈에 잘 띄지 않는다.

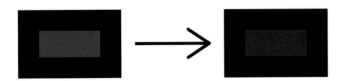

밝은 색을 바탕색으로 사용해야 밝기 차이로 인해 파란색 원색이 눈에 띈다.

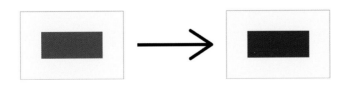

CHAPTER 3

색상

사물이 반사하는 빛의 파장

'원숭이 엉덩이는 빨개, 빨가면 사과'라고 하지만, 사실 사과는 색상이 없다. 사과뿐만 아니라 세상 모든 사물은 색상이 없다. 빛을 받은 사과는 맛있어 보이는 빨간 빛을 반사하고 우린 그 빛을 사과의 색상이라고 생각한다. 엄밀히 말해 빨간 빛을 반사하는 사과라고 말하는 것이 더 정확한 표현이지만, 정말 이렇게 말한다면 어디 가서 이상한 사람으로 보일 수 있으니, 그냥 빨간색 사과라고 하자.

우리는 사물이 반사하는 빛의 파장을 색상으로 느낀다. 시세포들이 눈으로 들어오는 빛의 파장을 전기 신호로 바꿔 두뇌로 보내고 두뇌는 그 빛의 파장을 색상으로 느낀다. 색은 보는 것

이 아니라 느끼는 것이다. 우린 살면서 참 많은 걸 느끼며 산다(잘 이해가 가지 않는다면 29쪽 '색 감각을 키우는 연습하기'를 다시 읽어 보자).

| 물론 사과는 초록색, 노란색, 핑크색 등 다양한 빛깔을 반사한다. 사과는 무조건 빨갛다는 고정관념을 갖지 말자.

RGB, CMYK, HSB 색 모드

포토샵이나 일러스트레이터 같은 그래픽 프로그램에는 첩보국 이름 같은 RGB, 단체 이름 같은 CMYK, 방송국 이름 같은 HSB라는 것들이 있다. 모두 색 모드(Color Mode)이다. 왠지 거창해 보이지만 RGB, CMYK는 색상 이름, HSB는 색 속성의 이니셜이다.

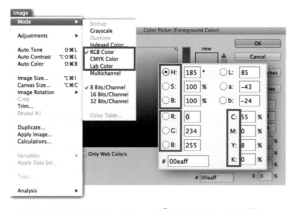

| 그래픽 프로그램은 친절하게 색상 수치를 색 모드별로 자동 변환한다.

왜 이렇게 여러 가지 색 모드(Color Mode)가 필요한 걸까? 이는 앱이 운영되는 플랫폼별로 개발 언어가 다른 것과 마찬가지 이유다. 예를 들어 웹브라우저용 앱은 HTML5, CSS, 자바스크립트로, iOS용 앱은 Objective-C나 Swift로, 안드로이드용 앱은 자바로 개발한다. 만약 "Hello World"를 출력한다면, HTML5는 context.fillText("Hello World!"), Swift는 println("Hello World") 식으로 작성한다. 각 언어마다 작성되는 코드가 달라도 출력 결과는 같다.

색을 재현할 때 화면에 빛을 쏘는 방식으로 하느냐, 종이에 안료를 칠하는 방식으로 하느냐에 따라 똑같은 색상도 표기 방식이 달라진다. RGB 모드는 화면에 Red(빨간색), Green(녹색), Blue(파란색) 빛을 쏴서 다양한 색상을 표현하기 때문에 RGB 수치로 색상을 표기한다.

CMYK 모드는 종이에 Cyan(청록색), Magenta(분홍색), Yellow(노란색), Black(검은색) 잉크로 다양한 색상을 인쇄하기 때문에 CMYK 수치로 색상을 표기한다.

HSB는 색상을 만들 때 사용하는 색 모드로, 실제 물감을 섞어 색상을 만드는 방식과 비슷하다. 색상을 Hue(색상), Saturation(맑기), Bright(밝기) 수치로 표기한다. 밝기와 맑기는 앞에서 배웠으니 익숙할 것이다.

앱은 주로 화면 매체에서 운영되기 때문에 색 모드(Color Mode)를 RGB 모드로 놓고 디자인을 시작해야 한다. 만약 인쇄용 디자인을 하게 된다면, 색 모드를 꼭 CMYK 모드로 바꿔야 한다.

지금 RGB 색 모드인지 확인하기

디자인을 시작하기 전에 사용 중인 그래픽 프로그램의 색 모드가 RGB인지 CMYK인지 먼저 확인해야 한다. 어도비 일러스트레이터(Adobe Illustrator)에서는 도큐먼트 초기 설정을 바꾸지 않으면, 신규 파일을 생성할 때 색 모드가 CMYK인 경우가 종종 있다. 그래서 신규 파일을 생성할 때 Color Mode를 RGB로 꼭 바꿔야 한다. 이미 작업 중인 파일이라면 File 메뉴에서 Document Color Mode가 RGB 모드인지 꼭 확인하고 바꾸도록 하자.

110

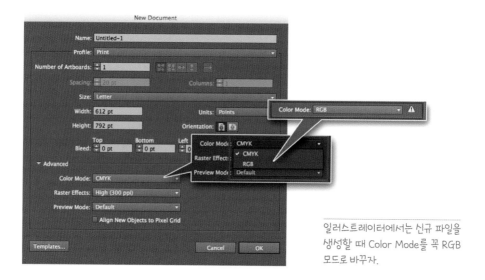

일러스트레이터에서는 신규 파일을 생성할 때 Color Mode를 꼭 RGB 모드로 바꾸자.

CMYK 모드를 RGB 모드로 바꾸면 노란색 경고 아이콘이 뜬다. 이는 프린터로 인쇄 시 RGB 모드의 많은 색상이 탁해진다는 경고이니 너무 놀라지 않아도 된다. 개발자는 주로 화면 매체에서 운영될 앱을 디자인하니 RGB 모드에서 예쁜 색상을 맘껏 사용해도 좋다.

Color Mode: RGB ▼ ⚠

| RGB 모드의 선명하고 화사한 색상이 CMYK 모드에선 탁하게 변할 수 있다는 경고다.

타이틀 바 상단 파일 이름 옆을 보면 현재 색 모드를 확인할 수 있다.

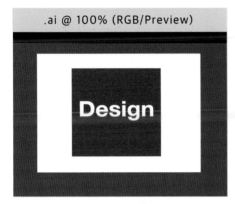
.ai @ 100% (RGB/Preview)
Design

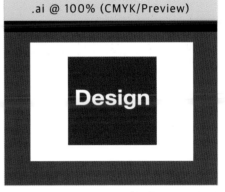
.ai @ 100% (CMYK/Preview)
Design

| 일러스트레이터에서 타이틀 바를 보면 도큐먼트 색 모드가 RGB 모드인지 CMYK 모드인지 확인할 수 있다. 색상은 RGB 모드에서 살짝 맑아 보이고 CMYK 모드에서 살짝 탁해 보인다.

물감으로 색 만들기_HSB

앞서 배웠던 밝기, 맑기와 지금 배우고 있는 색상은 색의 세 가지 속성이다. HSB 색 모드는 색의 속성을 조절하며 색상을 만드는 방식이다. HSB는 Hue(색상), Saturation(맑기), Brightness(밝기)의 이니셜로 Hue(색상)는 색을 빨간색, 주황색, 노란색, 연두색, 초록색, 하늘색, 파란색, 남보라색, 보라색 순으로 배열한다. H(색상)을 선택한 후 S(맑기)와 B(밝기)를 조절하며 원하는 색상을 만든다. H(색상)의 색 배열순서가 어렵게 느껴진다면 "빨, 주, 노, (연), 초, (하), 파, 남, 보 일곱 빛깔 무지개" 노래를 떠올려 보자.

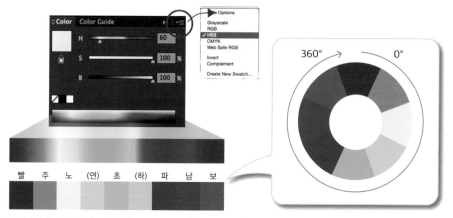

| H(색상)은 먼셀 색상표 색상환(color circle)을 토대로 색을 0~360° 각도로 표시한다. 먼셀 색상표 색상환에 대한 재미난 이야기는 잠시 후에 하겠다.

어린 시절 미술 시간에 물감으로 색상을 만들었던 때를 기억해 보자. HSB는 순수한 원색 물감에 물을 많이 섞어 본연의 색상을 옅게 하거나, 검은색 물감을 섞어 색상을 탁하게 하는 방식이다. HSB 색 모드에 익숙하면 색상을 직관적으로 만들거나 기억하기 쉽다.

| HSB 색 모드는 미술 시간에 물감으로 색상을 만드는 방식과 비슷하다.

미술 시간에 네모 칸을 물감으로 칠하는 장면을 상상해 보자. 빨간색 물감을 선택해서 바로 칠하면 순수한 빨간색 원색이 칠해진다. 100% 빨간 물감 색 그대로라서 S(맑기)는 100%이다.

| 즐거웠던 미술 시간을 생각해보자.

좀 더 밝고 부드러운 느낌의 빨간색을 만들어 칠해 보자. 빨간색 물감에 물을 섞으면 그만큼 색상이 옅어진다. 100% 빨간 물감에 40% 정도 물이 섞여 빨간색이 옅어졌다. S(맑기)는 60%가 되었다.

| 수채화 물감에 물을 섞으면 색이 옅어지면서 밝아진다.

좀 더 옅은 빨간색을 만들기 위해 물을 더 많이 섞는다. 물감에 물이 많이 섞일수록 색은 더욱 흐릿해진다. 물감보다 물을 많이 섞으면 색은 없어지고 투명한 물색이 된다.

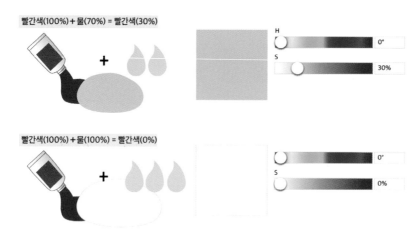

빨간색(100%) + 물(70%) = 빨간색(30%)

빨간색(100%) + 물(100%) = 빨간색(0%)

| 실제 물감은 투명해지지만, 컴퓨터 그래픽에서는 하얀색으로 표현된다.

어두운 빨간색을 만들기 위해 빨간색 물감에 물 대신 검은색 물감을 섞는다. 아직 빨간색 물감에 검은색 물감을 섞지 않았기 때문에 B(밝기)는 100%이다.

빨간색(100%)

| 전과 같은 방식으로 검은색 물감을 조금씩 섞어보겠다.

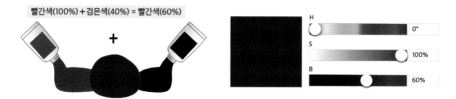

빨간색(100%) + 검은색(40%) = 빨간색(60%)

| 빨간색에 검은색을 40% 섞었다.

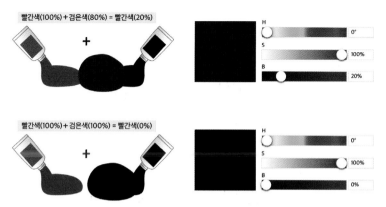

빨간색(100%) + 검은색(80%) = 빨간색(20%)

빨간색(100%) + 검은색(100%) = 빨간색(0%)

| 검은색의 양이 점점 많아져 빨간색이 검은색이 되었다.

실제로 수채화 물감을 가지고 색상을 만드는 경험을 해 본다면, HSB 색 모드로 색상을 만드는 것이 상당히 직관적이라는 사실을 깨달을 수 있다. 당장 물감이 없다면 학창 시절 미술 시간을 떠올리면서 HSB 슬라이더를 움직이며 색상을 직접 만들어 보자. 색상의 변화를 온몸으로 느껴보자.

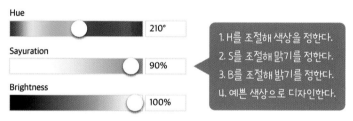

Hue 210°

Sayuration 90%

Brightness 100%

1. H를 조절해 색상을 정한다.
2. S를 조절해 맑기를 정한다.
3. B를 조절해 밝기를 정한다.
4. 예쁜 색상으로 디자인한다.

| HSB 색 모드에서 색상을 만들다보면 편리함에 빠져든다.

HSB 색 모드에 익숙해지면 색상을 기억하고 재현하기 좋다. 항상 주변 색을 HSB 수치로 확인하는 습관을 가지면, 색 감각이 훨씬 좋아진다.

난
H(10) S(100) B(100) 색
사과에요.

| 색상을 HSB 수치로 읽는 습관을 들이면 색 감각이 좋아진다.

찬란하게 빛나는 색 모드_RGB

어두운 밤 갑자기 정전이 되어 바로 앞도 보기 힘들 때, 우리 곁에 있는 스마트폰은 늘 훌륭한 최첨단 손전등이 된다.

| 정전이 되어도 아무 걱정 없어요.

RGB 색 모드는 Red(빨강), Green(녹색), Blue(파랑) 세 가지 색깔의 빛을 화면에 쏘는 방식으로 색을 표현한다. 모니터, 스마트폰, 전광판, TV처럼 화면을 사용하는 모든 전자 기기는 빛으로 색을 재현하는 RGB 색 모드를 사용한다.

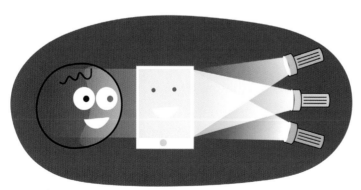

| RGB는 빛의 삼원색이다.

116

78쪽의 색의 맑기 편에서 빨간색, 녹색, 파란색은 강렬한 원색이기 때문에 눈에 피로를 느끼게 해 준다고 설명했다. 색상이 강렬한 만큼 빛의 세기가 강하기 때문이다. 강한 빛을 오래 보고 있으면 눈이 부셔 금방 피로해진다.

| 안구 건조 방지와 시력 보호를 위해 화면 밝기를 적당히, 사용 시간도 적당히 하자. 라잇나우!

RGB 수치를 0~255까지 조절한다. 0은 조명을 끈 상태이고, 255는 조명 밝기를 최대로 한 상태이다.

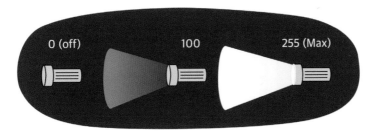

| RGB 색 모드에서는 수치가 높을수록 밝아진다.

빛은 더할수록 밝아지는 특성이 있다. 조명이 하나일 때보다 세 개일 때 훨씬 밝다. RGB 색 모드는 빛의 속성을 이용해 색상을 만든다.

| 빛은 겹쳐질수록 더욱 밝아진다.

세 개의 조명을 한 곳에 비추면 불빛이 겹쳐진 부분이 가장 밝다. 이처럼 RGB 수치를 모두 최대 밝기인 255로 하면 화면은 하얀색이 된다. 반대로 RGB 수치를 전부 0으로 하면 조명을 끈 것처럼 화면은 검은색이 된다.

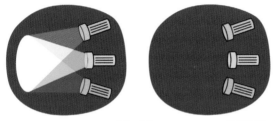

| R:255 , G:255 , B:255이면 하얀색, R:0 , G:0 , B:0이면 검은색이 된다.

화면에 빨간색 조명을 비추면 빨간색이 되고, 녹색 조명을 비추면 녹색, 파란색 조명을 비추면 화면은 파란색이 된다.

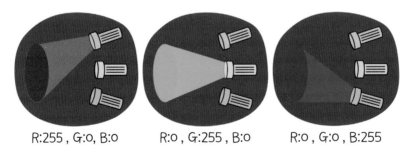

R:255 , G:0 , B:0   R:0 , G:255 , B:0   R:0 , G:0 , B:255

| 혹시 색 손전등이 있다면 직접 실험해 보길 바란다.

빨간색과 녹색 조명을 화면에 동시에 비추면 화면은 노란색이 된다. 마찬가지로 빨간색과 파란색 조명을 비추면 밝은 분홍색, 녹색과 파란색 조명을 화면에 비추면 밝은 하늘색이 된다.

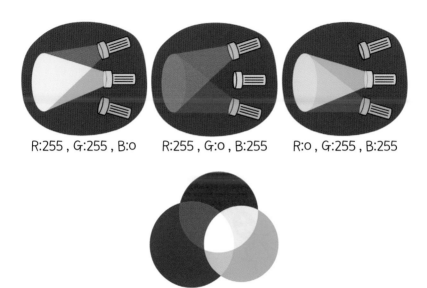

R:255 , G:255 , B:0   R:255 , G:0 , B:255   R:0 , G:255 , B:255

| R+G = 노란색, R+B = 파란색, G+B = 하늘색이 되는데, RGB 색 혼합 방식은 직관적이지 않아서 좀 어렵다.

프로그래밍을 할 때 RGB 수치를 직접 입력하여 색상을 만든다. 그래서 RGB 방식이 색상을 만들기 쉬울 것 같지만, 막상 해보면 어렵다. RGB 보다는 HSB 방식이 좀 더 직관적이다. 왜냐하면 조명을 이용해 색상을 만들어본 경험보다는 물감으로 색상을 만들어본 경험이 훨씬 많기 때문이다.

조명의 빛을 혼합해 색상을 만들어본 경험은 없을지언정, 손전등으로 자기 얼굴을 비추는 장난은 한 번쯤 다 해 보았을 것이다. "나 무섭지?!"

인쇄용 색 모드_CMYK

룰루랄라, 즐거운 온라인 쇼핑 시간이다. 눈길을 사로잡는 화사한 색상의 상품을 발견한 순간 우린 이렇게 외친다. "어머, 이건 꼭 사야 해! 이 맑고 화사한 색상이 나를 더 돋보이게 해줄 거야!"

I was born to love you. 난 당신을 사랑하기 위해 태어났어요.

120

도착한 실제 상품의 색상을 보면 주문한 그 색상이 맞긴 한데 느낌이 다르다. 분명 화면에서 봤던 색상은 좀 더 맑고 화사한 느낌이었는데 실제 상품의 색상은 왠지 칙칙한 느낌이다.

조명발? RGB 색 모드발?

온라인 쇼핑몰 상품 소개란에 친절한 경고문이 있다.

많이
" 화면에서 보는 색상과 실제 상품의 색상이 조금 다를 수 있습니다."

그렇다. 잉크로 인쇄한 실제 상품의 색상은 빛으로 표현한 모니터의 색상과 다를 수밖에 없다. 프린터는 CMYK 색 모드를 사용한다. CMYK는 안료의 사원색 Cyan(하늘색), Magenta(분홍색), Yellow(노란색), Black(검은색) 안료를 뜻한다. 거의 모든 인쇄 매체는 CMYK 색 모드를 사용한다.

왜 화면에서 예뻐 보이는 색이 인쇄를 하면 덜 예뻐 보이는 것일까? 모니터는 투명한 화면에 RGB 색으로 빛을 쏘는 방식으로 색을 재현하고, 프린터는 종이에 CMYK 잉크를 덧뿌리는 방식으로 색을 재현한다.

빛은 투명하고 밝다. 빛보다 밝은 물질은 없다. 빛에 빛을 더하면 더욱 밝아지는 속성이 있다. 반면, 잉크는 미세한 색 가루를 섞어 만든 액체이다. 잉크에 잉크를 섞으면 빛과 달리 더욱 탁해지고 어두워진다.

| RGB 빛의 삼원색은 더할수록 밝아지고, CMYK 안료의 사원색은 더할수록 어두워진다.

종이에 인쇄를 하면 액체 잉크가 마르면서 색상이 좀 더 진해진다. 하얀 종이에 물방울을 떨어 트려보면 물이 마르면서 젖은 부분이 누렇게 되고 색이 진해지는 것을 확인할 수 있다. 탁한 색보다는 맑은 색이, 어두운 색보다는 밝은 색이, 칙칙한 색보다는 화사한 색이 더 예뻐 보인다. 섞일수록 탁하고 어두워지는 잉크로 아무리 밝은 색을 재현해봤자 빛으로 재현한 색보다 더 맑거나 밝을 수는 없다. 즉, 잉크로는 빛이 재현한 색상의 맑기와 밝기를 똑같이 재현할 수 없기 때문에 모니터에서 보면 예쁜 색상이 인쇄를 하면 덜 예뻐 보이는 것이다.

다행히 개발자는 RGB 색 모드를 사용하는 앱과 웹용 디자인을 하므로, RGB 색 모드의 특권인 맑고, 밝고, 화사한 색상을 마음껏 사용해도 된다.

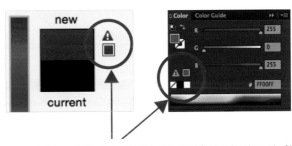

| CMYK 색 모드에서는 절대 재현될 수 없는 색상을 정말 친절하게 경고한다.

07

Section

빛을 스펙트럼해 보여 주는
먼셀 색상표

뉴턴은 사과나무 아래서 떨어지는 사과를 보고 만유인력의 법칙을 발견한다. 그는 또한 빛의 색과 파장의 관계를 발견한다. 왜 이런 중요한 법칙은 천재의 눈에만 보이는 것일까?

빛의 성분을 파장에 따라 분해하여 순서대로 배열하는 것을 '스펙트럼으로 분해한다'고 한다. 프리즘을 통해 스펙트럼으로 분해된 빛은 빨주노초파남보 무지개색 띠로 보인다. HSB 색 모드의 Hue(색상)의 색상 배열순서는 스펙트럼의 색상 배열순서와 같다.

먼셀(Albert Henry munsell)은 스펙트럼의 빨주노초파남보 색상들을 서로 마주볼 수 있게 고리 모양으로 배열해 색상표를 만들었다. 먼셀이 만들어서 그의 이름을 따 먼셀 색상표(Munsell color system)라 부른다. 먼셀 색상표에서 서로 붙어 있는 색을 비슷한 색, 서로 마주보는 색상을 반대색이라고 한다. 디자인에 어울리는 색상들을 모을 때 먼셀 색상표는 유용하게 쓰인다.

122

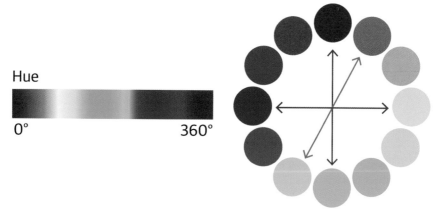

| HSB 색 모드의 색상(Hue) 배열을 동그란 원 모양으로 배치하면 먼셀 색상표가 된다.

색의 하모니, 색상 설계

필자는 책을 집필하면서 어떻게 하면 디자인 법칙을 좀 더 쉽게 설명할 수 있을 지 많은 고민을 한다. 내가 글을 쓰는 이유는 많은 개발자들이 디자인 기본 법칙을 쉽게 이해하고 앱 디자인에 적용하길 바라기 때문이다.

글을 쓰는 목적에 따라 단어 선택이 달라지듯, 디자인하는 목적에 따라 색상이 달라진다. 색상마다 가진 느낌이 다르기 때문이다. 목적에 어울리는 느낌을 가진 색상을 선택하는 것이 중요하다.

연인들을 위한 앱을 만든다면 밝고 화사한 느낌의 색상들로 사랑스러운 디자인을 해야 한다. 어둡고 칙칙한 색상들로 우중충한 느낌의 디자인을 한다면 연인들은 당장 그 앱을 지워버릴 것이다. 이렇게 디자인 목적에 어울리는 색상들을 선택하고 조화롭게 한데 모아 구성하는 작업을 '색상 설계'라 한다.

1)  2)  3)

| 연인을 위한 앱에 어울리는 색상 구성을 고르세요.

색상 설계법은 디자인 주제에 맞는 색상들을 골라 효율적으로 배치하는 법칙이다. 대표적인 색상 설계법은 6가지이다. 가장 많이 사용하는 색상 설계법은 단색 설계법, 비슷한 색 설계법, 약한 반대색 설계법이다. 정반대색 설계법, 3색 설계법, 4색 설계법은 감각이 필요해 사용하기 어렵다.

모든 색상 설계법을 알면 좋겠지만, 지금은 개발자가 사용하기 좋은 색상 설계법 3가지만 골라 잘 버무려 소개하겠다. 이 세 가지 색상 설계법만 자유자재로 구사해도 디자인이 확실히 좋아질 테니, 쭉쭉 흡수하길 바란다.

단색 설계법
(겨울을 표현)

비슷한 색 설계법
(봄을 표현)

반대색 설계법
(여름을 표현)

| 디자인 주제에 맞는 색상을 고르고 배치하는 작업이 디자인의 시작이다.

솔직한 돌직구 스타일, 단색 설계법

단색 설계법은 말 그대로 앱을 대표하는 색상 하나만 선택해 디자인하는 쉬운 색상 설계법이다. 색상 하나만 선택하면 상쾌하게 색상 설계가 끝난다. 디자인을 하려면 무조건 대표 색상하나는 선택해야 하기 때문에 단색 설계법은 모든 색상 설계법의 기초가 된다.

단색 설계법은 디자인의 목적을 단도직입적으로 표현한다. 단색 설계법을 적용한 디자인은 단순 명료해서 정보 전달력이 좋다. 단색 설계법은 빙빙 돌려서 말하지 않는 직설적이고 솔직한 친구 같다고나 할까.

다 좋은데 너무 돌직구를
날리면 친구가 없다.

단색 설계 디자인은 색상이 하나뿐이라 느낌이 단순하고 심심할 수 있다. 여러 색상들이 서로 충돌하며 생기는 긴장감이 없어 잘못하면 재미도 없고 개성도 없는 심심한 디자인이 될 수 있다. 그래도 단색 설계법이 가진 힘은 막강하다. 단색 설계법은 디자인에 단순 명료한 느낌, 순수한 느낌, 깨끗한 느낌을 준다. 쉽고 빠른 정보 전달력은 어떤 색상 설계법보다 뛰어나다. 색상을 줄여 콘텐츠에만 집중하게 한다. 또한 색상이 하나로 뭉쳐 화면이 넓어 보이는 효과가 있다.

| 녹색 단색 바탕에 있는 글이 더 잘 읽힌다. 색상도 정보다. 단색 설계는 색상 정보를 최소로 줄여 콘텐츠에 집중하게 한다.

먼저 대표 색상을 결정한다. 대표 색상은 개발자 자신이 좋아하는 색상 말고, 사용자가 좋아하는 색상으로 한다. 디자인은 사용자를 위한 것이다. 사용자의 연령, 성별, 문화 등을 꼼꼼히 분석한 후, 그들이 좋아하고 공감할 수 있는 색상을 대표 색상으로 선택한다.

빨간색의 의미

위험, 주의, 집중, 정렬, 피, 태양, 뜨거움, 부자, 악마, 애정, 사랑, 힘, 금지, 분노, 화, 흥분, 에너지, 장미, 젊음, 행복, 열정, 심장, 생명, 죽음······ 등등··· 참 많다.

| 색상은 경험과 감정 그리고 문화권에 따라 그 느낌과 의미가 달라진다.

단색 설계법은 한 가지 색상만으로 디자인하는 색상 구성법이다. 그래서 보조 색상이 필요 없다. 하지만 색상도 사람처럼 혼자보다 여럿인 게 외롭지 않다. 대표 색상의 밝기나 맑기만 조절한 색상을 보조 색상처럼 사용한다. 밝기와 맑기를 다양하게 조합해 단색 설계 디자인의 심심한 느낌을 줄인다.

| HSB 색 모드에서 대표 색상(H)을 정하고 맑기(S)와 밝기(B)를 조정하며 색상을 만들어 보자.

단색 설계를 할 때 주의할 점은 대표 색상이 강렬한 원색이면 안 된다. 강렬한 원색은 눈을 피곤하게 하고, 시선을 빼앗고, 콘텐츠에 집중할 수 없게 한다. 잠시 76쪽의 '색의 맑기' 편을 복습하고 오길 바란다.

| 눈이 편안한 색상을 대표 색상으로 한다. 사용자의 눈을 편하게 한다. 화면에서 강렬한 색상은 작은 알림 하나면 충분하다.

우린 같은 편_비슷한 색 설계

가재는 게 편이고, 나는 개발자 편이다. 개발자와 디자이너는 같은 편이다. 뭉쳐야 산다. 같은 편은 서로 공감하고, 도우며 똘똘 뭉쳐 상생해야 한다. 다 함께 〈We are the world〉를 부르면서.

색상도 같은 편과 반대편이 있다. 같은 편 색상들은 한데 모으면 똘똘 뭉치고, 반대편 색상들은 서로 충돌하며 밀어낸다. 같은 편 색상들은 이름과 색상은 다르지만 느낌이 비슷하다. 빨간색과 주황색은 다르지만 따뜻한 느낌이 비슷하다. 비슷한 색상들로만 디자인하는 색상 설계법을 '비슷한 색 설계법'이라 한다.

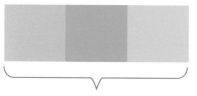

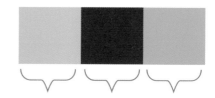

개발자와 디자이너의 협동 정신 개발자와 디자이너의 톡톡 튀는 개성

ㅣ 개발자와 디자이너도 비슷한 색상들이 뭉치듯 똘똘 뭉쳐야 한다.

비슷한 색 설계의 시작은 단색 설계와 같다. 모든 색상 설계는 디자인 주제에 맞는 대표 색상을 고르는 것부터 시작한다. 대표 색상을 고른 후, 대표 색상에 이웃한 색상을 보조 색상으로 정한다. 먼셀 색상표에서 서로 가까이 붙어 있는 색상들이 같은 편, 즉 비슷한 색상들이다.

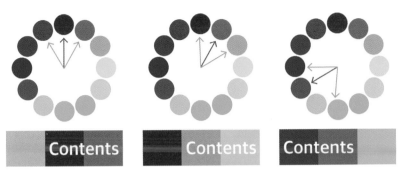

| 먼셀 색상표에서 가까이 있는 색상들이 비슷한 색상들이다.

비슷한 색 설계법은 단색 설계 디자인의 단순 명료한 느낌에 풍부한 색감을 더해준다. 열정적인 느낌의 디자인을 한다고 생각해 보자. 단색 설계법에서는 뜨겁고 힘이 넘치는 빨간색 하나만 사용한다. 열정적인 느낌은 확실히 줄 수 있지만 디자인 느낌은 단순하다. 비슷한 색 설계법에서는 빨간색과 그와 비슷한 색상인 주황색, 노란색, 붉은 보라색을 함께 조합한다. 빨간색과 느낌이 비슷한 색상들이 하나로 뭉쳐 디자인에 열정적인 느낌과 함께 풍부한 색감도 준다.

비슷한 색 배색은 색상간의 차이가 작아 거슬림이 없다. 부드럽고 유연한 이미지를 떠올리게 하며 조화롭고 안정된 느낌을 준다.

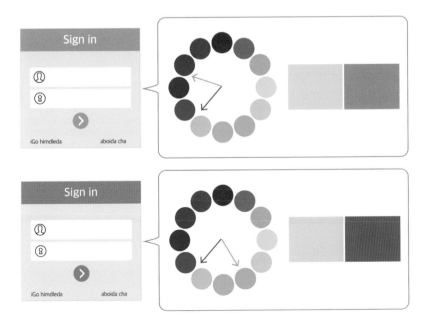

밀당의 재미_약한 반대색 설계

단색 설계 디자인과 비슷한 색 설계 디자인은 편안한 느낌이 든다. 비슷한 느낌의 색상들이 한데 어우러져 화목해 보인다. 잔잔한 영화를 보는 것 같아 마음이 차분해진다. 하지만 가끔은 심장을 조이는 화끈한 액션 영화도 보고 싶다.

역시 액션 영화의 묘미는 팽팽한 긴장감과 박진감이 아닐까. 액션 영화에는 언제나 주인공과 대립하는 경쟁자가 있다. 경쟁자가 강할수록 긴장감이 넘쳐 영화는 더욱 흥미진진해진다. 반대색 설계법이 바로 숙명의 라이벌이 대결을 펼치는 액션 영화와 같다.

| 파란색과 노란색 두 숙명의 라이벌이 펼치는 숨 막히는 대결.

반대색 설계는 색상들이 서로 밀어내는 느낌을 이용해 디자인에 팽팽한 긴장감을 준다. 주인공인 대표 색상과 경쟁자인 보조 색상이 라이벌 관계를 이루게 한다. 먼셀 색상표에서 마주 보는 색상들이 서로의 정반대색이다. 정반대색에서 살짝 비껴 있는 색상들이 약한 반대색이다. 색상의 라이벌 관계가 강할수록 디자인의 긴장감이 높아진다.

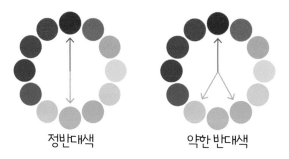

정반대색   약한 반대색

| 먼셀 색상표의 색상들의 위치가 라이벌 관계를 나타낸다. 정반대색은 강한 라이벌 관계, 약한 반대색은 약한 라이벌 관계, 비슷한 색은 동료 관계이다.

정반대색들은 절대 섞이지 않는다. 색상들이 완전히 분리되어 보인다. 정반대색들의 강한 색상 차이가 디자인 느낌을 강렬하게 한다. 영화의 클라이맥스에서 시선을 뗄 수 없듯, 긴장감이 넘치는 정반대색 설계 디자인에서 시선을 뗄 수 없다. 하지만 두 색상의 충돌이 너무 강해 누가 주인공인지 알 수 없다.

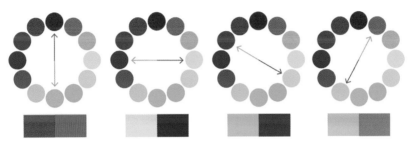

| 정반대색끼리 붙으면 색상 충돌이 심해 강렬한 느낌이 난다.

누가 뭐라 해도 디자인의 주인공은 대표 색상이다. 디자인 주제를 표현하는 대표 색상이 가장 먼저 눈에 띄어야 한다. 색상들이 서로 경쟁하면 안 된다. 보조 색상은 대표 색상을 돋보이게 해야 한다.

보조 색상을 약한 반대색으로 선택한다. 색상 충돌이 약해져 강렬한 느낌이 살짝 줄어든다. 힘은 여전히 넘치지만 많이 부드러워졌다. 디자인 느낌이 산뜻해졌다. 적당한 '밀당'은 연애뿐 아니라, 디자인에서도 활력과 재미를 준다. 반대색 설계를 한다면 정반대색 설계보다 약한 반대색 설계를 추천한다.

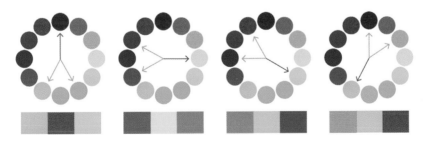

| 색상 충돌이 약해지면 강렬한 느낌이 줄어 청량한 느낌이 든다.

CHAPTER 4

형태

점을 찍어야 선을 긋지

점은 모든 것의 시작이다. 이 글도 종이에 찍은 점 하나로부터 시작되었다. 머릿속에 생각이 맴돌기만 한다면 종이에 점 하나를 찍으며 생각을 그려보자. 누가 알겠는가? 위대한 작품이 탄생할지.

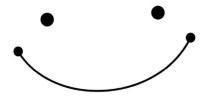

그냥 점과 선일뿐인데, 왜 미소가 지어질까?

133

점은 선이 된다. 점을 콕 찍어 한 방향으로 쭉 그으면 실선이 되고, 일렬로 콩콩 찍으면 점선이 된다.

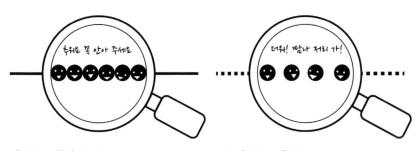

| 추워요. 더 꼭 붙어주세요.　　　　　　　　　| 덥다 좀 떨어져 줄래?

점은 가볍다. 공중에 떠다니는 점을 보면 미세먼지, 아니 요정들의 마법가루 같다. 점이 뭉쳤다 흩어졌다 하면서 리듬을 타는 듯하다.

| 점이 위에 있으면 가루, 아래에 있으면 모래알 같다.

점이 저멀리 위치한 것처럼 보인다. 공을 힘껏 차니 저 멀리 날아가 하늘의 점이 되었다. 이 정도 무용담은 누구나 있지 않은가.

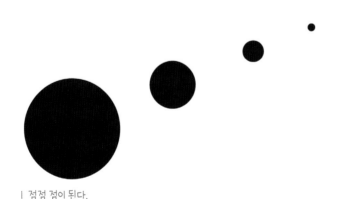

| 점점 점이 된다.

비트맵 이미지는 픽셀(Pixel)이라는 네모난 색점을 사각 격자 한 칸에 하나씩 놓아 표현된 이미지이다. 비트맵은 ppi로 이미지의 픽셀 수를 표시하는데, ppi(pixels per inch)는 1인치 안에 몇 개의 픽셀이 있는지를 나타내는 단위이다. 예를 들어 72ppi는 72개의 픽셀이, 300ppi는

300개의 픽셀이 1인치 안에 있다는 뜻이다. 당연히 픽셀 수가 많을수록 화질이 좋으며 선명하고 정교하다.

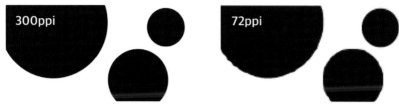

| 픽셀 수가 많을수록 이미지가 깨끗해 보인다.

포토샵에서 비트맵 이미지를 최대로 확대하면 픽셀이 보인다. 수평선이나 수직선은 픽셀이 일렬로 놓여 매끈하고 깨끗해 보인다. 대각선, 곡선, 원은 네모난 픽셀이 곡률에 따라 어긋나게 놓여 계단처럼 보인다. 이렇게 계단처럼 보이는 현상을 '에일리어싱(aliasing)'이라고 한다.

| 네모난 픽셀로 곡선을 표현하면 들쑥날쑥해 보인다.

비트맵 이미지의 ppi가 낮거나 작은 이미지를 억지로 크게 늘리면 화질이 떨어져 에일리어싱 현상이 두드러져 보인다. 포토샵과 같은 그래픽 툴은 에일리어싱 현상을 줄이기 위해 안티-에일리어싱(anti-alising) 기능을 제공한다. 그래도 처음부터 화질이 좋고 ppi가 높은 비트맵 이미지를 사용하는 게 좋다.

| 원본 불변의 법칙은 진리다.

02

한 줄로 나란히 위치한 점의
집합_선

대중교통을 이용하는 우리의 모습은 혹시 이렇지 않을까? 밀고 버티며 쓸데없이 힘을 낭비하고 있진 않은지. 서로 힘을 겨루며 체력을 키우는 중일 수도 있지만, 어쨌든 힘과 시간만 낭비할 뿐 별로 아름답지도 효율적이지도 않다.

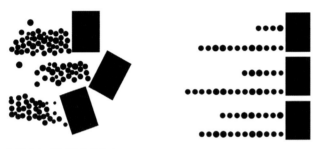

136

| 질서가 아름다움을 만든다.

사방팔방 흩어져 있던 점들이 일렬로 사이좋게 늘어서 아름다운 선이 되었다.

선은 속도를 표현한다. 직선은 빠른 속도를 표현하고, 곡선은 완만한 속도를 표현한다.

| "슝~!" 이건 입으로 내는 소리가 아냐.

선은 시간의 흐름을 표현한다. 선이 오른쪽으로 향하면 앞으로 가는 느낌이 들고, 왼쪽으로 향하면 뒤로 가는 느낌이 든다. 이런 느낌이 드는 이유는 글을 쓰고 읽는 습관, 시계를 보는 습관과 관계가 깊다.

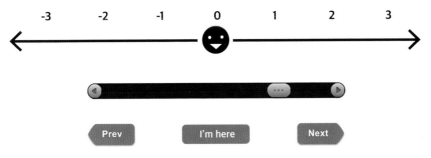

| 보통 오른쪽으로 갈수록 숫자가 커진다.

눈은 선을 따라간다. 특히 선이 화살표라면 더욱 그렇다.

왼쪽을 보세요. 왼쪽을.

| 단어의 뜻을 인식하는 속도보다 화살표를 인식하는 속도가 훨씬 빠르다.

선은 양의 변화를 표현한다. 선이 아래에서 위로 향하면 증가, 상승하는 느낌이 들고, 그 반대일 경우 감소, 하강하는 느낌이 든다.

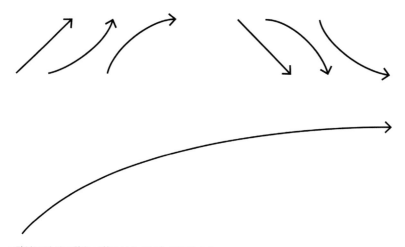

| 당신의 앱 판매량은 이렇게 상승 곡선을 그릴 것이다.

선은 사물의 성질을 표현한다. 직선은 뻣뻣한, 강한, 단단한 성질을 표현하고, 곡선은 유연한, 부드러운, 푹신한 성질을 표현한다.

| 친근한 느낌의 디자인을 하고 싶다면 곡선을 이용해 보자.

선은 칸을 나누고 정보를 읽기 좋게 분류하고 정리한다. 좀 더 구체적으로 얘기하자면, 탭 바와 콘텐츠 영역처럼 두 영역의 성격이 전혀 다를 때는 실선으로 경계를 나누는 것이 좋고, 상품 리스트의 상품을 종류별로 분류할 때는 점선으로 경계를 나누는 것이 좋다.

실선은 빈틈없고 견고하다. 도로의 중앙선을 침범할 수 없듯이 실선을 넘으면 안 될 것만 같다. 실선은 두 영역의 성격이 전혀 다름을 표현한다.

점선은 선 사이에 틈이 많다. 그 틈으로 시선이 자유롭게 넘나든다. 정보가 넘치면 헤매기 쉽다. 피자 한판을 한입에 먹기 좋게 한 조각씩 나누듯, 점선은 정보를 한눈에 읽기 좋도록 나누고 분류한다. 물론 피자 한 판을 돌돌 말아 한입에 먹는 사람도 있겠지만.

| 사과 | 오렌지 | 바나나 | 포도 | 수박 |
| 강아지 | 고양이 | 너구리 | 토끼 | 수달 |

사과	오렌지	바나나	포도	수박
강아지	고양이	너구리	토끼	수달

| 카테고리 분류는 실선으로, 종류 분류는 점선으로 경계를 나눠보자. Chapter 4의 '형태' 편을 읽으면서 곳곳에서 실선과 점선이 정보를 어떻게 분류하고 있는지 유심히 살펴보길 바란다.

색을 담는 그릇 _ 도형

만날 사람은 반드시 만나 멋진 팀을 이루고 멋진 작품을 만들듯, 선은 시작점과 끝점이 만나 멋진 도형이 되고 멋진 그림을 만든다.

잘 나갈수록 초심으로 돌아가자.

사각형, 삼각형, 원형 등 기본 도형은 거의 모든 사물의 겉모양을 표현한다.

사람은 사물을 보면 기본 도형으로 단순화해서 기억한다.

도형은 사물의 성격을 나타낸다. 각진 사각형은 사물을 딱딱하고 견고해 보이게 한다. 삼각형은 각이 뾰족해 날카로워 보이게 하고, 원형은 둥글둥글 귀여워 보이게 한다.

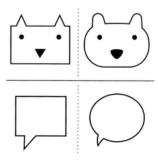

| 둥글둥글한 형태가 더 귀엽다.

04
Section

견고함 _ 사각형

이 글을 웹 브라우저에서 읽든 모바일에서 읽든 당신은 사각형 화면을 보고 있다. 사각형은 모든 형태의 틀이 된다. 삼각형도 원형도 별 모양도 심지어 내 얼굴도 사각형 틀 속에 들어간다. 특히 책과 노트 같은 종이, TV, 모바일 폰, 모니터 같은 화면 매체는 대부분 사각형이다.

| 사각형은 모든 형태의 기본이다.

모서리가 각진 사각형은 딱딱하고 견고해 보인다. 그만큼 안전해 보여 안심이 된다. 든든하고 믿음직스럽다. 하지만 각진 모서리에 살짝만 부딪쳐도 많이 아플 것 같다. 직각 모서리가 가끔 투박하게 느껴진다. 모서리를 둥글게 해본다. 둥글둥글한 모서리를 보니 이젠 부딪쳐도 덜 아플 것 같다. 둥근 모서리는 사각형의 경직된 느낌을 부드럽게 바꿔준다. 둥근 모서리 사각형은 좀 더 귀여운 느낌이 든다.

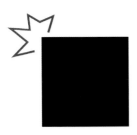 

| 실제 각진 책상에 부딪쳐본 사람은 이 느낌을 잘 알 것이다.

주목!_삼각형

사각형을 대각선으로 쪼개면 뾰족한 삼각형이 된다. 삼각형은 모서리가 날카로워 위험하게 느껴지고 찔리면 아플 것 같다. 앉으면 어떻게 될까? 상상에 맡긴다.

삼각형의 경사진 면에 물체가 놓이면 불안정해 보인다. 똑바로 서있지 않으면 사람은 누구나 불안감을 느낀다. 역삼각형은 금방 넘어질 것 같아 정말 불안하다.

찢어짐 주의

| 날카로운 걸 보면 본능적으로 주의하게 된다.

142

왜 불안하면 더 쳐다보게 될까?

삼각형은 날카롭고 경사가 심해 위험하고 불안해 보인다. 그래서 삼각형이 보이면 긴장되고 좀 더 집중하게 된다. 위험하고 불안해 보이는 것에 집중하는 것은 사람의 본능으로, 우리는 삼각형 화살표가 가리키는 곳을 보기 싫어도 보게 된다. 그래서 삼각형 모양의 경고판에 더욱 집중하게 된다. 생일날 뾰족한 고깔모자를 쓰는 이유 역시 오늘은 내가 주인공이니 나에게 집중해 달라는 의미이지 않을까?

까~

항상 강조하지만 강조는 적당히 꼭 필요한 곳에만!

평등과 순환 _ 원형

원형은 모서리가 없다? 아니! 있다. 너무 많아 보이지 않을 뿐이다.

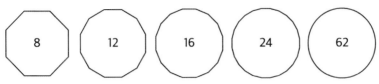

| 모서리가 많아야 원이 매끈해 보인다.

동글동글한 모양은 귀여워 보인다. 사각형 무늬, 삼각형 무늬와 비교해 보면 동그란 무늬가 단연코 귀엽다.

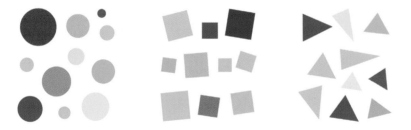

| 물방울 무늬 최고!

시계 바늘은 원을 그리며 한 바퀴 돌아 제자리로 돌아온다. "둥글게, 둥글게. 짝! 빙글빙글 돌아가며 춤을 춥시다." 원은 멈추지 않는 순환의 이미지를 가진다. 정보가 동그랗게 모여 있으면 정보를 시계 방향 순서로 본다. 글과 마찬가지로, 평소에 시계를 보던 습관 때문에 우리는 정보를 시계 방향으로 보는 게 훨씬 편하다. 정보를 시계 반대 방향으로 보는 것은 왠지 어색하고 불편하다.

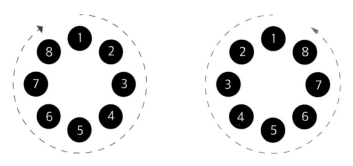

| 정보를 나열할 땐 시계 방향을 따라 중요한 순서로 배치하는 게 좋다.

원은 모임, 화합, 협동의 느낌, 하나로 똘똘 뭉치는 느낌을 준다. '우리'라는 느낌이 강하다.

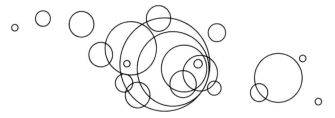

| 우주의 별들도 동그랗다.

원은 긍정의 메시지를 가진다. 동그란 모양을 보면 왠지 안심된다. 하려는 모든 일들이 원만하게 잘 굴러갈 것만 같다.

참 잘했어요

| 원은 참 기분 좋은 긍정의 도형이다.

선으로 만든 무늬 _ 글꼴

글자는 선과 면을 조합한 그림이다. 이렇게 생긴 그림을 보면 이렇게 읽자고 약속한 기호이다. 글꼴을 사용하려면 라이선스를 구입해야 한다. 무료 글꼴도 있으니 사용하기 전에 라이선스를 확인하자.

한글 → 한글 → 한글

한글은 읽을 줄 모르는 외국인이 보면 그냥 문양일 뿐이다.

글자의 선이 가늘면 가볍게 느껴지고, 두꺼우면 무겁게 느껴진다. 글자의 두께에서 무게가 느껴진다.

가벼워
LIGHT

무 거 워
heavy

단어의 뜻과 글자 생김새가 일치하지 않으면 많이 당황스럽다.

글자 생김새 그대로 고딕체는 직선처럼 딱딱하고, 필기체는 곡선처럼 부드러운 느낌이 난다.

DESIGNER & DEVELOPER

designer & developer

선과 도형이 가진 느낌 그대로.

대문자 문장은 묵직한 벽돌 같고, 소문자 문장은 말랑한 식빵 같다.

DESIGNER   **DEVELOPER**

designer   **developer**

한글은 대문자 소문자가 없는 게 아닙다. 있었다면 좀 더 재미있는 모양이 나올 텐데.

자간은 글자와 글자 사이의 넓이다. 자간이 넓을수록 글자들 사이가 벌어져 문장이 점선처럼 보이고, 자간이 좁을수록 글자들이 가까워져 직사각형 덩어리로 보인다.

자 간 을 넓 히 면 문 장 은 점 의 특 징 을 갖 게 된 다

자간을 좁히면 문장은 선의 특징을 갖게 된다 글자들이 가까워져 선으로 보인다

| 자간이 넓으면 문장은 점의 특징을 갖게 되고 좁으면 선의 특징을 갖게 된다.

행간은 문장과 문장 사이의 넓이다. 행간이 넓으면 문장 사이가 벌어져 한 줄씩 그은 선처럼 보이고, 행간이 좁으면 문장들이 붙어 사각형 상자처럼 보인다.

행간은 문장과 문장 사이의 넓이다

행간이 넓으면 문장 사이가 멀어져

한 줄씩 그은 선처럼 보이고 행간이

좁으면 문장들이 상자처럼 보인다

행간은 문장과 문장 사이의 넓이다
행간이 넓으면 문장 사이가 멀어져
한 줄씩 그은 선처럼 보이고 행간이
좁으면 문장들이 상자처럼 보인다

| 행간을 넓히면 문장으로 줄을 친 것 같고, 좁히면 문장이 상자처럼 보인다.

글자는 재미있는 그림이 된다. 커피를 마시는 신사의 얼굴에서 "bong cafe" 단어를 찾아보자.

146

bong cafe

| 캘리그래피는 그림의 일종이다.

점, 선, 면의 조합 이미지

아이콘, 픽토그램, 그림, 사진, 글자, 색상과 같이 눈으로 볼 수 있는 것은 모두 이미지다. 이미지는 점, 선, 도형들이 다양하게 구성된 종합 선물세트 같다.

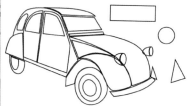

지금껏 배운 모든 게 이미지를 이루는 필수 요소이다.

148

아이콘, 픽토그램은 사물의 주요 특징만 잡아 기본 도형으로 모양을 최대한 단순하게 표현한 기호이다.

아이콘, 픽토그램은 단순할수록 좋다.

그림은 주제를 표현하고 싶은 느낌대로 그려 감정을 나타내는 이미지이다.

꼬리까지 힘껏 흔들며 반겨주마.

사진은 현실을 있는 그대로 기록하는 이미지이다. 빛과 대상과 배경이 절묘하게 맞아 떨어지는 순간을 포착해서 찍어야 하는 예술이다. 아이콘, 픽토그램, 그림은 수정과 개선이 가능하지만 사진은 처음에 잘 찍어야 한다. 물론 포토샵으로 보정할 수도 있지만, 원본 불변의 법칙은 무시할 수 없으니 말이다.

| 사진은 미적 감각과 더불어 상당한 공부와 훈련이 필요한 예술 분야다.

점, 선, 도형들의 구성과 배치에 따라 이미지의 느낌은 달라진다. 점, 선, 도형들이 예쁘게 구성되고 배치되어야 이미지가 더욱 예뻐진다.

| 예쁜 이미지를 만드는 비밀은 다음 Part 3에서 밝혀진다. 두둥!

PART 3

좋은 디자인을 만드는
색상 표현 법칙

화사한 느낌, 유쾌한 느낌, 청량한 느낌, 따뜻한 느낌을 주고 싶은데 무슨 색을 써야 하지? 바탕색은
골랐는데, 버튼 색과 글자 색은… 그나저나 오늘 야식은 무엇으로? 개발자는 소스 코드 짤 때보다
색상과 야식을 고를 때 더 괴롭다.

색상은 머리가 아닌 마음이 읽는 감성의 언어다. 글은 정보를 전달하고, 색상은 감성을 전달한다. 여
러 단어를 조합해 문장을 만들어 정보를 전하듯, 여러 색상을 조합해 원하는 감성을 전한다.

이번 파트에서는 색상 설명과 앱 디자인에 바로 사용할 수 있는 색 배색을 소개한다. 소스 코드에 써
넣을 수 있게 색상의 RGB 값을 적었다. 모바일 기기나 환경에 따라 색상이 제대로 보이지 않을 수
있다. 색상 취향에 따라 색상은 다르게 느껴진다. 소개한 색상을 자신의 환경과 취향에 맞춰 조금씩
조절해야 한다.

CHAPTER 1

빨간색

색 중의 색 _ 빨간색 원색

디자인에 무슨 색을 쓸까 생각하는 순간 가장 먼저 떠오르는 색상이 있다. 바로 빨간색!

빨간색 원색은 어디에 있어도, 어떤 색과 있어도 홀로 돋보인다. 최고의 색이다. 하지만 색 조절에 실패하면 미친 듯이 폭주한다. 어떤 색도 그를 막을 수 없다. 빨간색 원색은 디자인을 세련되게 하든지 망치든지 둘 중 하나다. 디자인 경험이 부족한 개발자가 감당할 수 있을까. 빨간색 원색은 디자이너도 다루기 어렵다.

마치 판타지 소설 혹은 게임에 나오는 강력한 힘을 가진 주인공 같다. 선과 악의 힘을 모두 가진 용사가 이성을 잃고 폭주하면 악의 힘이 강해져 동료도 위험에 빠트린다. 어쨌든 이런 주인공 옆에는 선한 힘을 끌어내는 예쁜 마법사와 동료들이 있다.

사실 이런 판타지는 싱글 남자 개발자의 소망 아닐까. 자신도 주체 못할 엄청난 개발의 힘을 끌어내는 마법사 같은 (예쁜)여자 친구와 동료가 있었으면 하는 그런 소망. 동료 색상들이 빨간색의 나쁜 힘을 잠재우고 좋은 힘을 끌어내야 디자인 세상을 구할 수 있다.

빨간색은 함께 있는 동료 색상에 따라 느낌과 힘이 달라진다. 지금부터 하나씩 살펴보자.

빨간색은 어디서도
돋보인다. 과연 색
중의 색이구나.

빨간색을 돋보이게 하는 색 _ 하얀색

하얀색은 빨간색을 보기 편하게 한다. 화면에 빨간색만 있는 것보다 하얀색이 함께 있는 게 보기 좋다. 화면 전체가 빨간색인 디자인과 하얀색 바탕 위에 빨간색이 있는 디자인을 비교해 보자. 화면 전체가 빨간색인 디자인은 느낌이 답답하고 강렬해서 눈이 아프다. 반면에 하얀색 바탕 위의 빨간색 디자인은 깔끔하고 세련되어 보여 훨씬 보기 편하다.

화면 전체가 빨간색이라니
뜨거움에 데겠다.

이제 좀 시원해졌다.

하얀 바탕색 위에 있는 빨간 다이아몬드가 빨간 바탕색 위에 있는 하얀 다이아몬드보다 훨씬 잘 보인다. 다이아몬드가 비싼 이유는 귀하기 때문이다. 다이아몬드가 돌 만큼 흔하면 아무도 거들떠보지 않는다. 흔한 사람은 기억에 남지 않는 것처럼 흔한 빨간색은 기억에 남지 않는다. 하얀색은 빨간색을 귀하게 한다.

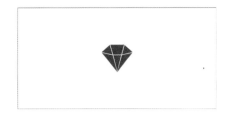

| 귀한 빨간색이 될 수도 있고 흔한 빨간색이 될 수도 있다.

하얀색은 예쁜 마법사 같다. 빨간색 원색의 넘치는 강렬함을 줄이고 깔끔하고 세련된 느낌을 끌어 올린다. 하얀색은 최고의 순수체라서 어떤 색상이라도 밝고 순수하게 만들어 버린다.

빨간색과 하얀색의 화면 비율은 2(빨간색) : 8(하얀색) 정도, 혹은 1 : 9 정도가 좋다. 1 : 9 비율이면 빨간색 디자인이 아니라 하얀색 디자인이 아닌가 하는 생각이 들지만, 빨간색 원색은 그만큼 센 녀석이다. 빨간색은 1의 비율만으로도 디자인 느낌을 장악한다.

두 색의 큰 밝기와 맑기 차이로 인해 하얀색과 빨간색 디자인은 세련되고 힘차 보인다. 깔끔하면서 강렬한 느낌이다.

하얀색과 퓨전_코랄핑크색

코랄핑크색은 하얀색이 살짝 섞여 순해진 빨간색이라서 핑크색이 살짝 돈다. 싱싱한 딸기나 장미, 양귀비꽃의 화사함을 닮은 색이다. 건강하고 화사해 보여 여성들이 참 좋아하고 립스틱이나 색조 화장품에 많이 사용한다. 남성인 필자도 좋아하는 색이다.

| 싱싱해 보이고 화사한 코랄핑크색

코랄핑크색은 화면의 3분의 1정도 넓이에 칠하기 좋은 색이다. 하지만 화면 절반을 넘는 면을 칠한다면 좀 더 밝은 코랄핑크색을 선택하자. 색의 느낌은 칠한 면의 넓이가 넓을수록 강해진다. 코랄핑크색은 빨간색 원색보다 순지하만 강렬한 느낌은 남아있다. 코랄핑크색으로 화면 전체를 칠한다면 코랄핑크색이 아주 밝아야 한다.

이 법칙을 기억하자.
면이 넓어질수록 색
의 느낌은 강해진다.

좁은 면은 진한 색을,
넓은 면은 연한 색을
칠한다.

귀엽고 사랑스럽고 여성스러운 느낌의 디자인에는 코랄핑크색이 딱 좋다. 디자인 분위기가 꽃
처럼 화사하다.

빨간색을 맑게 보이게 하는 색
_은빛회색

아래 예시를 보면, 은빛회색들 사이의 빨간색이 상대적으로 맑아 보인다. 화사함 몰아주기 법칙 기억하는가. 앞서 맑기 차이 법칙에서 탁한 색 사이에 있는 맑은 색은 더욱 맑아 보인다고 배웠다.

 글자 (250, 50, 70)
바탕 (220,230,240)

 글자 (250, 50, 70)
바탕 (100,105,110)

 글자 (250, 50, 70)
바탕 (170,190,200)

 글자 (250, 50, 70)
바탕 (75, 80, 80)

| 회색이 뒤에서 밀어주니 든든하다.

은빛회색은 푸른빛이 살짝 도는 차가운 느낌의 회색이다. 차도녀(차가운 도시 여자)의 느낌이다. 회색은 두 종류가 있는데, 노란 빛이 살짝 감도는 따뜻한 느낌의 회색과 푸른빛이 살짝 감도는 차가운 느낌의 회색이 있다. 모바일 화면에서는 차가운 회색이 더 예뻐 보이는데, 모바일 기기가 화면에 푸른빛을 쏘기 때문이다.

잊을만하니 이쯤에서 다시 말한다. RGB는 값이 클수록 밝다. 0,0,0은 검은색이고 255, 255,255는 하얀색이다.

이지적인, 도시적인, 현대적인 느낌의 회색과 빨간색 배색이다. 그림과 글이 많지 않은 디자인에 어울린다.

(230,230,220)

(220,230,230)

| 모바일 화면에서는 누런 회색보다 푸른 회색이 좀 더 세련돼 보인다.

빨간색을 산뜻하게 하는 색 _ 녹색

빨간색 원색과 녹색 원색은 색상 충돌이 강한 반대색이다. 색상 충돌이 강하면 디자인을 촌스럽게 할 수 있다. 그렇다면 디자인에 빨간색과 녹색을 함께 사용하면 안 되는 걸까? 적당한 긴장감은 영화나 게임을 스릴있고 재미있고 기억에 남게 한다. 디자인도 마찬가지다. 색상 충돌이 강한 디자인은 촌스럽지만 색상 충돌이 약한 디자인은 산뜻하다. 촌스러움과 산뜻함은 종이 한 장 차이다.

강한 색상끼리의 충돌의 예. 빨간색과 녹색의 싸움에 사용자의 눈만 아프다.

지금은 빨간색이 주인공이니 녹색을 빨간색보다 옅게 하거나 혹은 탁하게 조절한다. 빨간색과 녹색의 색상 충돌이 약해져 빨간색이 선명하게 돋보이고 산뜻한 느낌이 든다.

약한 색상끼리의 충돌의 예. 대표 색상이 진한 빨간색일 땐 옅은 녹색을 배색한다.

자연에서 빨간색과 녹색은 떼려야 뗄 수 없는 사이다. 자연의 배색 능력은 참으로 대단하다.

열거나 진한 녹색 잎들 사이의
빨간색 꽃이 유난히 화사하다.

대표 색상과 바탕색은 반대로 배색한다. 대표 색상이 진한 색이면 바탕색을 옅은 색으로, 맑은 색이면 탁한 색으로 배색한다.

06

빨간색을 상쾌하게 하는 색_하늘색

밝은 하늘색을 보면 깨끗한 공기를 들이마시는 기분이 든다. 하늘색은 밝아서 빨간색과 색상 충돌이 약하다. 디자인에 청량하고 상쾌한 느낌을 준다. 쾌청한 날에 빨간색, 빨간 주황색, 짙은 빨간색, 코랄핑크색 등 다양한 빨간색 꽃들이 잔뜩 핀 공원을 산책하는 느낌을 준다.

글자 (255,255,255)
바탕 (255,145,145)

글자 (255,255,255)
바탕 (255, 90,110)

글자 (255,255,255)
바탕 (250, 50, 70)

바탕색으로 사용하기 좋은 코랄핑크색이다. 글자 색으로 하얀색이 잘 어울린다.

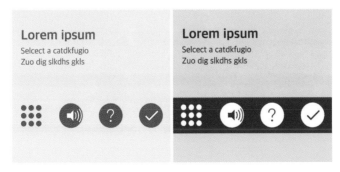

빨간색 아이콘이 피었다.

코랄핑크색과 밝고 맑은 하늘색을 보면 기분이 좋다. 좋은 느낌을 주는 색 배색이다. 전쟁, 폭력, 범죄 등의 주제만 아니라면 어떤 주제에도 잘 어울린다.

빨간색을 발랄하게 하는 색
_짙고 푸른 어둠색

코랄핑크색은 참 사교적이다. 하얀색과 있으면 강렬하고 회색과 있으면 은은하고 짙고 푸른 어둠색과 함께 있으면 화사하다. 어떤 색과도 잘 어울린다.

짙고 푸른 어둠색은 짙고 푸른 밤의 색이다. 원래 밤의 색은 검은색이 아니고 검은색에 가까운 푸른색이다. 짙고 푸른 밤의 어둠은 도시를 반짝반짝 빛나게 한다. 짙고 푸른 어둠색은 강렬한 빨간색마저 옅어 보이게 한다.

글자 (250, 50, 70)
바탕 (235,245,255)

글자 (250, 50, 70)
바탕 (190,200,200)

글자 (250, 50, 70)
바탕 (50, 70,155)

| 밝고 푸른 회색과 짙고 푸른 회색은 코랄핑크색을 돋보이게 한다.

| 불빛은 깊은 밤에 더욱 반짝인다.

붉은 오렌지색과 짙고 푸른 어둠색 배색은 중후하고 차분하고 고급스러운 느낌의 디자인에 잘 어울린다.

빨간색을 강하고 무겁게 하는 색
_ 검은색

빨간색과 하얀색, 검은색을 배색한 디자인은 힘이 넘친다. 하얀 셔츠에 검은 정장이 잘 어울리는 세련된 멋쟁이 느낌이다. 열정이 넘쳐 보인다. 빨간색은 주변 색상의 영향을 많이 받아서 밝은 색과 함께 있으면 여성스러운 느낌이 들고 어두운 색과 함께 있으면 남성스러운 느낌이 든다. 여기서 말하는 여성스러움은 부드럽고 가벼운 느낌을, 남성스러움은 강하고 무거운 느낌을 뜻한다.

밝은 색과 배색한 빨간색은
가볍고 부드러운 느낌이다.

검은색과 배색한 빨간색은 무
겁고 강한 느낌이다.

빨간색과 검은색이 맞닿는 디자인은 색상 충돌이 강해 위험하다. 눈이 아파 오래 보기 힘들고 디자인 느낌이 너무 무거워 촌스러울 수 있다. 빨간색과 검은색 사이에 하얀색을 두면 디자인 느낌이 훨씬 가벼워진다. 하얀색이 두 색상의 충돌을 막고 힘의 균형을 잡아주어 디자인을 세련되게 한다.

아이콘과 바탕색 사이의 하얀색 완충 공간이 강한 색상 충돌을 막아준다.

검은색 대신 사용할 검은 회색을 소개한다. 검은색에 가까운 차가운 회색이다. 검은색과 별 차이 없어 보이지만, 프로그래밍에서 1과 0.98f의 차이가 다른 결과를 만들듯, 디자인에서는 검은색과 검은 회색의 미묘한 색감 차이가 다른 분위기를 만든다.

글자 (235, 30, 30)
바탕 (40, 45, 45)

글자 (235, 30, 30)
바탕 (70, 75, 75)

글자 (235, 30, 30)
바탕 (115,125,125)

강한 느낌의 검은색은 디자인 느낌을 투박하게 만든다. 검은색을 살짝 약하게 하면 디자인 느낌이 한결 부드러워진다.

붉은 오렌지색과 검은색 배색이다. 글과 그림이 많지 않은 디자인에 잘 어울린다. 도시적인, 믿음직한, 강렬한, 절제된, 깔끔한 느낌을 준다.

부드러운 맛이 느껴지는 색
_인디언핑크색

인디언핑크색은 밝은 코랄핑크색에 노란색을 섞은 색이다. 코랄핑크색의 화사한 느낌과 노란 색의 발랄한 느낌이 섞여 인디언핑크색은 수줍은 아이의 발그레한 두 뺨의 색을 닮아 귀엽다. 토마토 케첩과 마요네즈를 섞은 샐러드 소스의 색을 닮아 고소한 느낌도 든다.

인디언핑크색은 바탕색으로 사용하기 좋은 색이다. 마음 놓고 화면 전체를 채워도 좋다. 색이 순하고 부드러워 눈이 편하다.

| 입 안에서 사르르 녹을 것 같은 케이크의 부드러운 색상이다.

밝고 화사한 분위기의 디자인에는 중요한 정보에 검은색 대신 진한 회색 혹은 갈색을 사용할 것을 추천한다. 검은색은 너무 강한 색이라 디자인의 밝고 화사한 느낌을 떨어트릴 수 있다.

인디언핑크색은 봄, 사랑, 우정, 소녀, 아이를 주제로 하는 디자인에 잘 어울린다.

옛 도시의 낭만을 담은 빨간색
_붉은 갈색

붉은 갈색은 어두운 빨간색에 노란색이 살짝 들어간 색이다. 빨간색의 뜨거운 느낌이 온화해지고 강렬한 느낌이 편안해졌다. 빨간색이 팔팔한 새 것의 느낌이라면, 붉은 갈색은 깊은 시간의 멋이 담긴 오래된 것의 느낌이다. 이탈리아 피렌체가 떠오른다. 르네상스를 처음 꽃 피운 예술의 도시. 천년의 시간이 머무른 도시. 붉은 갈색 벽돌과 기와로 지어진 도시. 해가 질 무렵이면 하늘도 도시도 은은한 붉은 갈색이 되는 도시.

붉은 갈색은 개발자의 중후한 인성을 닮았다. 디자인에 새 것에선 느낄 수 없는 짙고 풍부한 멋을 전하는 색이다.

| 빨간색에 시간이 켜켜이 쌓여 붉은 갈색이 되었다.

땅을 대표하는 색상인 갈색은 안정되고 견실한 느낌이다. 따뜻하고 포근한 색이다. 갈색을 사용한 디자인은 고급스러운 멋이 흐른다. 마치 고급 가죽 패션 제품같은 느낌이 든다.

(255:200:80)

(190:130:70)

(210:100:70)

(50:60:80)

(210:120:100)

(255:220:150)

(230:160:80)

(90:50:30)

| 고급 가죽 패션 제품같은 멋을 풍기는 갈색 디자인 예

깔끔하면서 강렬한 느낌의 빨간색과 하얀색 배색 디자인 예

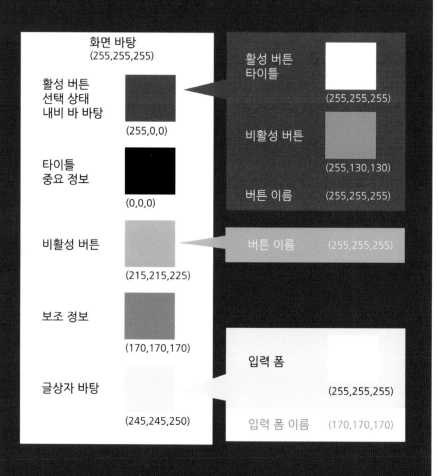

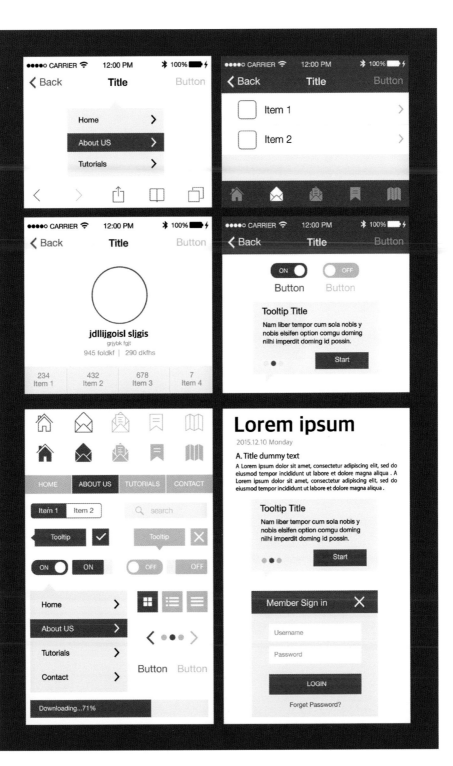

화면 바탕
(255,240,240)

활성 버튼
선택 상태

버튼 이름　　(255,255,255)

(255,80,110)

중요 정보

(120,60,90)

비활성 버튼

버튼 이름　　(255,255,255)

(255,210,220)

내비 바 바탕

활성 버튼
중요 정보

(255,255,255)

(255,180,200)

보조 정보

버튼 이름　　(255,80,110)

(210,170,180)

글상자 바탕

(255,255,255)

170

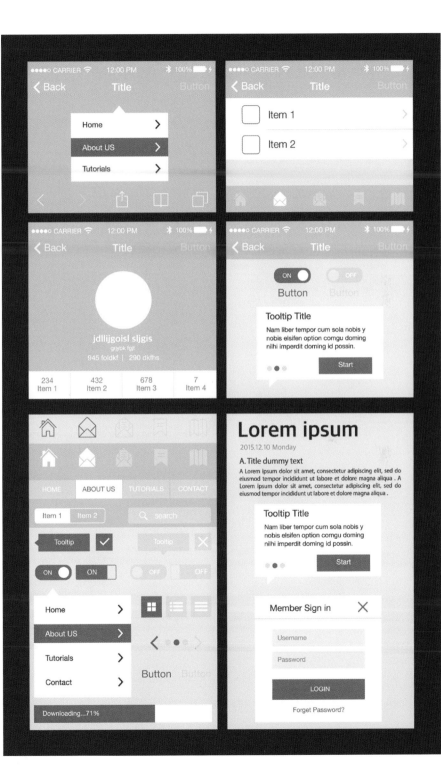

이지적인 느낌의 빨간색과 회색 배색 디자인 예 ●●○

화면 바탕
(230,240,250)

활성 버튼
선택 상태
내비 바 바탕

(255,70,110)

본문 글
중요 정보

(70,50,50)

비활성 버튼

(200,210,230)

보조 정보

(180,180,180)

글상자 바탕

(255,255,255)

활성 버튼
타이틀
중요 정보

(255,255,255)

비활성 버튼

(255,140,160)

버튼 이름 (255,255,255)

버튼 이름 (255,255,255)

입력 폼

(230,240,250)

입력 폼 이름 (180,180,180)

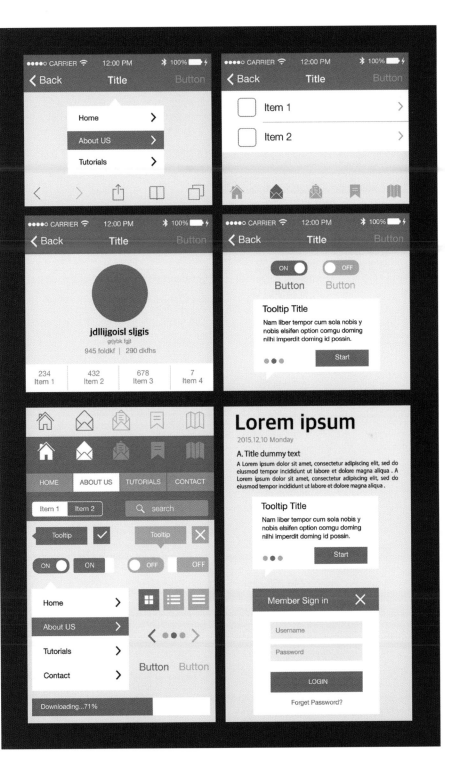

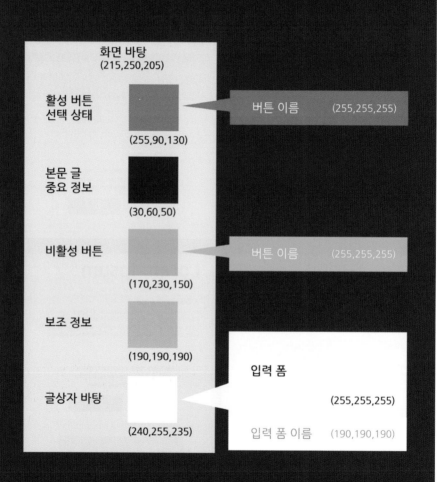

산뜻한 느낌의 짙은 코랄핑크색과 옅은 녹색 배색 디자인 예

화면 바탕
(215,250,205)

활성 버튼
선택 상태

버튼 이름　　(255,255,255)

(255,90,130)

본문 글
중요 정보

(30,60,50)

비활성 버튼

버튼 이름　　(255,255,255)

(170,230,150)

보조 정보

(190,190,190)

입력 폼

글상자 바탕

(255,255,255)

입력 폼 이름　　(190,190,190)

(240,255,235)

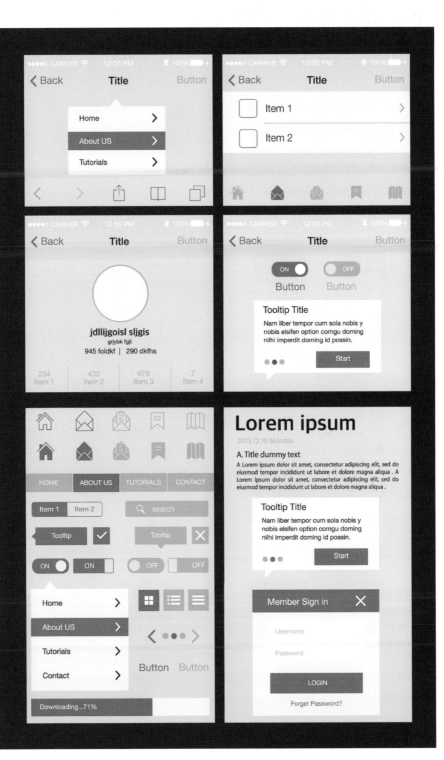

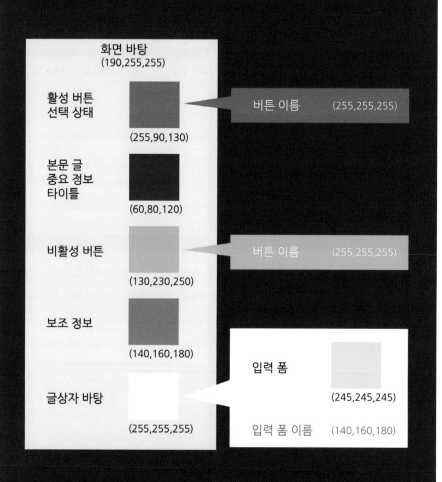

화면 바탕
(190,255,255)

활성 버튼
선택 상태

버튼 이름   (255,255,255)

(255,90,130)

본문 글
중요 정보
타이틀

(60,80,120)

비활성 버튼

버튼 이름   (255,255,255)

(130,230,250)

보조 정보

(140,160,180)

입력 폼

글상자 바탕

(245,245,245)

(255,255,255)

입력 폼 이름   (140,160,180)

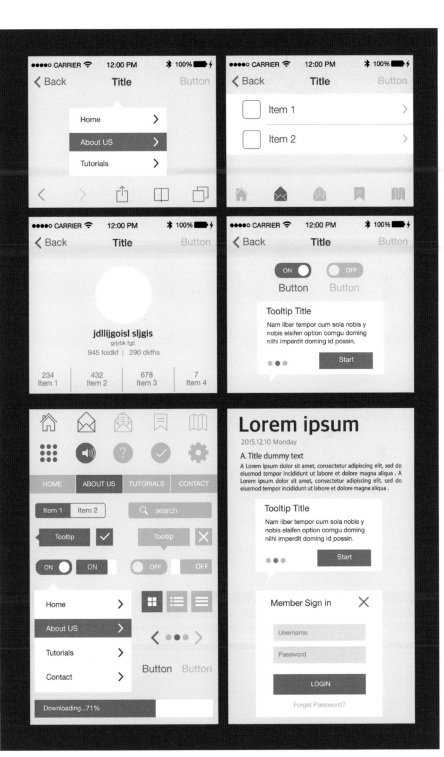

불빛이 반짝이는 느낌의 붉은 오렌지색과 짙고 푸른 어둠색 배색 디자인 예 ●

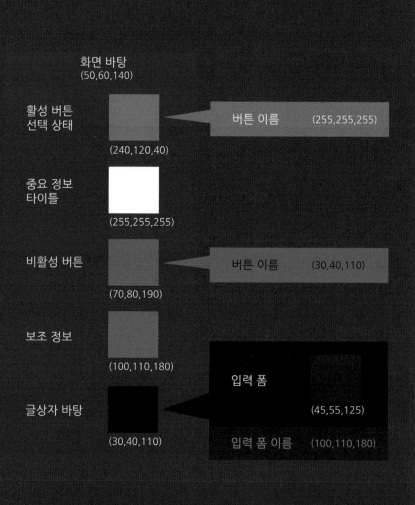

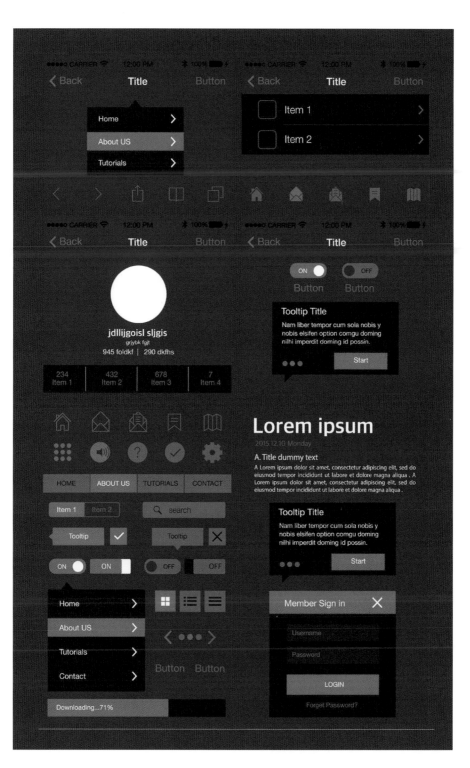

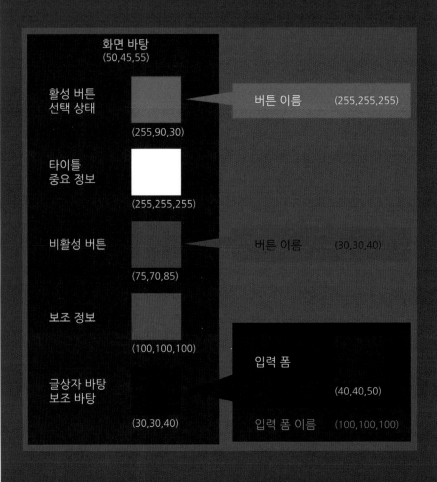

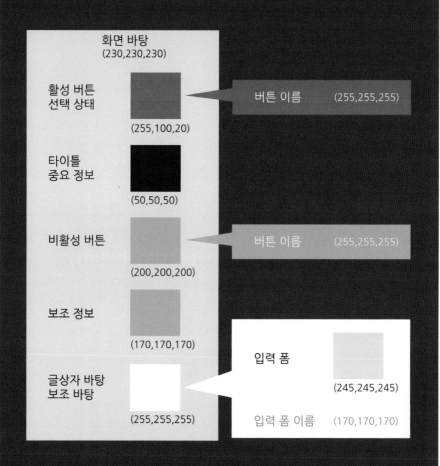

깔끔한 멋이 사는 붉은 오렌지색과 회색 배색 디자인 예

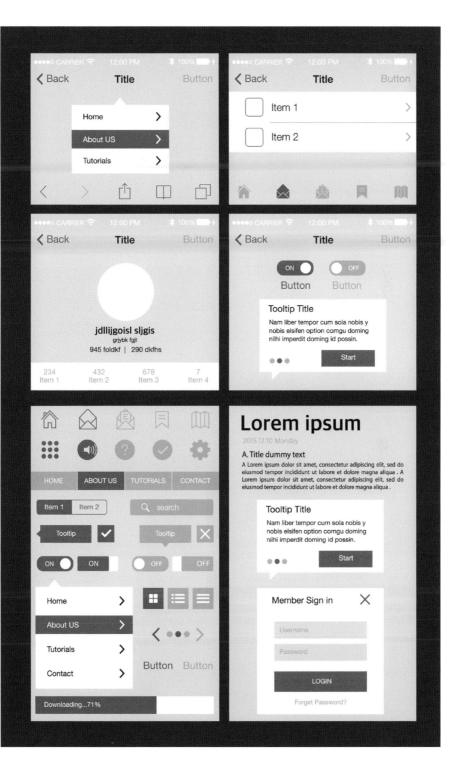

부드러운 맛이 느껴지는 인디언핑크색 배색 디자인 예 ●●

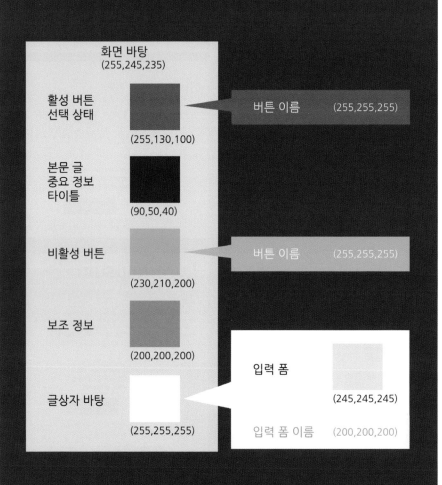

화면 바탕
(255,245,235)

활성 버튼
선택 상태

(255,130,100)

버튼 이름 (255,255,255)

본문 글
중요 정보
타이틀

(90,50,40)

비활성 버튼

(230,210,200)

버튼 이름 (255,255,255)

보조 정보

(200,200,200)

글상자 바탕

(255,255,255)

입력 폼 (245,245,245)

입력 폼 이름 (200,200,200)

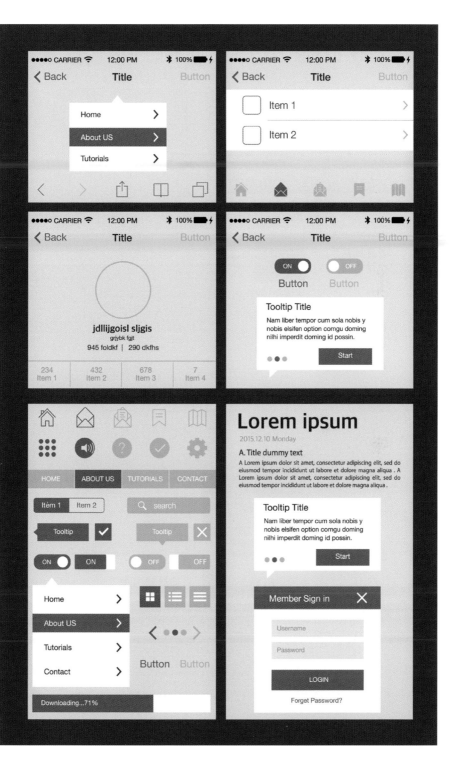

온화함이 느껴지는 붉은 갈색과 노란색 배색 디자인 예 ●●

화면 바탕
(255,220,80)

활성 버튼
선택 상태

버튼 이름　　(255,255,255)

(210,80,20)

타이틀
중요 정보

(80,40,30)

비활성 버튼

버튼 이름　　(255,255,255)

(250,190,30)

보조 정보

(180,160,130)

입력 폼

(255,255,180)

글상자 바탕

입력 폼 이름　(180,160,130)

(255,240,150)

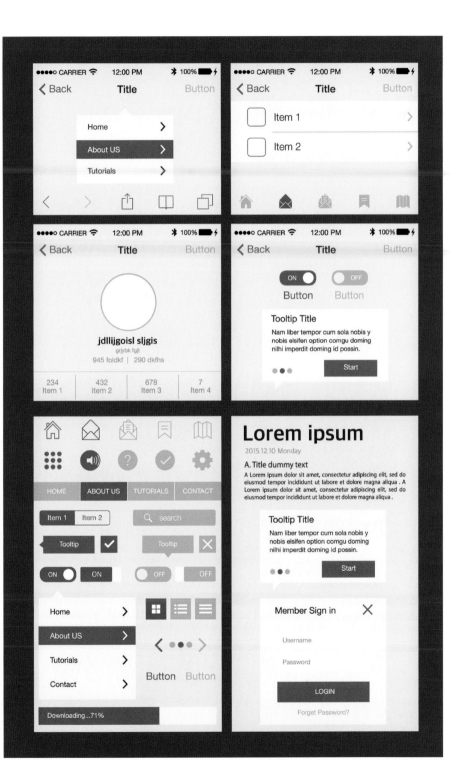

오렌지색과
노란색

에너지를 충전해 주는 색_오렌지색

빨간색을 보면 뇌의 내분비선인 뇌하수체선이 자극되어 아드레날린이 분비된다. 혈압이 상승하고 맥박수가 늘어나며 호흡이 빨라지고 심장이 두근거린다. 무의식적으로 빨간색에 집중하게 된다. 그래서 빨간색을 위험, 긴급한 일이나 특히 생명과 직결된 경고 표시에 많이 사용한다.

아이 깜짝이야!

정열적인 사랑도 빨간색으로 표현한다. 사랑에 빠지면 긴장감에 심장이 터질 듯이 두근거려서일까. 정열적인 사랑이 눈을 멀게 하니 위험하다는 걸까. 어쨌든 빨간색 디자인은 사용자의 심장을 두근거리게 하고 온 몸에 힘이 들어가게 한다. 그게 좋아서인지 긴장되어서인지 헷갈리긴 하지만.

두근거림은 처음엔 설레어서 좋다. 하지만 쉬지 않고 두근거린다면 지치고 말 것이다. 사용자는 빨간색 디자인을 보다가 지쳐서 방전될 수 있다. 오래 보면 지치는 디자인이 아닌 힘이 나는 디자인을 할 수 없을까.

비타민의 색, 오렌지색이다. 오렌지색은 빨간색의 강렬한 느낌을 줄이고 발랄한 느낌을 키워서 디자인 분위기를 유쾌하게 한다. 빨간색을 보며 방전된 에너지를 오렌지색이 충전해주는 듯하다. 특히 할 일 앱이나 스케줄 관리 앱 디자인에서 자주 빨간색과 오렌지색을 함께 사용하는데 기운내서 웃으면서 달려보라는 듯하다.

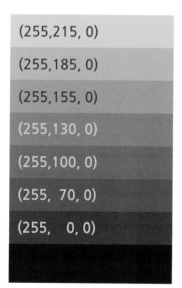

(255, 215, 0)

(255, 185, 0)

(255, 155, 0)

(255, 130, 0)

(255, 100, 0)

(255, 70, 0)

(255, 0, 0)

| 미친 듯이 달려서일까, 오렌지색이 식욕을 자극해서일까, 배가 고프네.

명랑한 색_오렌지색

오렌지색은 강렬한 느낌의 빨간색에 발랄한 느낌의 노란색을 섞은 색이다. 오렌지색의 느낌은 활발하고 즐겁다. 열정적이면서 해맑은 개발자를 닮은 색이다. 불타는 금요일엔 한껏 온몸을 흔드는 개발자를 상상해 보자. 삼바! 오렌지색 디자인은 젊음, 열정, 활동, 도전의 느낌이 강하다. 힘이 넘치는 스타트업 이미지에 잘 어울리는 색이다.

| 명랑한 느낌을 주는 오렌지색이다.

빨간색의 RGB 값은 255,0,0 오렌지색은 255,100,0 노란색은 255,255,0이다. G값이 커질수록 빨간색이 오렌지색이 되고 노란색이 된다. 여기서 주의할 점은 G값이 80보다 작은 오렌지색은 빨간색과 별 차이 없어 보인다는 것이다. G값을 80~190 사이로 해야 확실히 오렌지색으로 보인다. G값이 190을 넘으면 노란색으로 보인다.

| 오렌지색이 세 개만 보인다. RGB의 G값이 80보다 작으면 빨간색으로 보인다.

| 드디어 다섯 개의 오렌지색이 보인다. RGB의 G값이 80~160 사이일 때 오렌지색이 구분된다.

부드럽고 따뜻한 색_노란색

노란색은 색 중에서 하얀색 다음으로 밝다. 노란색의 느낌은 귀엽고 부드럽고 따뜻하고 포근하고 보드랍다. 노란색은 '빨주노초파남보' 모든 색상과 잘 어울리며 디자인 느낌을 유쾌하게 한다.

| 명랑한 노란색은 어느 색과도 잘 어울린다.

달걀 노른자색은 이름 그대로 입에 넣으면 살살 녹을 것 같다. 노란색에 하얀색을 많이 섞은 옅은 색이다. 코랄핑크색, 붉은 갈색, 녹색, 하늘색과 함께 사용하여 온화하고 유쾌한 분위기를 만들기 좋은 색이다.

제목 (225:125:195)

바탕 (255:220:150)

| 천진난만한 분위기의 달걀 노른자색과 따뜻한 보라색 배색이다.

글자 (90,155,210)
바탕 (250,220, 70)

 글자 (120,200, 80)
바탕 (250,230,100)

TEXT 글자 (245,140, 85)
바탕 (255,255,200)

| 노란색이 귀엽고 발랄한 분위기를 만들어 준다.

(255,250,185)

| RGB 값이 255, 250, 185인 노란색 때문일까? 이미지 속 캐릭터들이 무척 즐거워 보인다.

04

원색을 고급스럽게 하는 색
_초콜릿색

초콜릿색은 유럽 명품 브랜드에서 고급 제품의 색으로 많이 사용하는 색이다. 중후한 느낌이 있어 고급 제품에 잘 맞는다.

색의 느낌과 음식의 색상은 관계가 깊다. 맛있는 음식과 좋아하는 음식의 색상이 더 예뻐 보이는 게 당연하다. 초콜릿색을 보니 초콜릿이 생각나 침이 고인다. 그런데 가만히 보니 스테이크 색 같기도 하고.

l 초콜릿색의 중후한 느낌이 디자인을 고급스러워 보이게 한다.

색의 느낌은 어두울수록 중후하다. 오렌지색에 검은색을 많이 섞으면 초콜릿색이 된다. 철없던 청년인 오렌지색이 세상을 겪으며 성숙해져 존경받는 초콜릿색 신사가 된 느낌이다.

| 원색을 돋보이게 하는 초콜릿 바탕색

196

글자 (255,245,220)
바탕 (130,100, 70)

글자 (255,245,220)
바탕 (90, 70, 60)

글자 (255,245,220)
바탕 (60, 45, 35)

| 고급스러운 느낌의 중후한 초콜릿색과 아이보리색 배색이다.

상큼한 느낌을 주는 색 _ 레몬색

레몬 나무의 풍성한 녹색 잎들 사이로 잘 익은 레몬들이 주렁주렁 열려 있다. 녹색처럼 보이면서 노란색처럼 보이기도 하는 형광색이 선명하다. 레몬은 익어가면서 진한 녹색에서 연두색 그리고 노란 형광색으로 색이 변한다.

레몬색은 '빨주노초파남보'에서 '노'와 '초' 사이에 있다. 노란색과 녹색은 따뜻한데, 이상하게 중간색인 레몬색은 차갑다. 따뜻한 색상들 사이에서는 홀로 차가워야 돋보일 수 있다는 것을 깨달았나보다. 똑똑한 녀석. 특히 진한 녹색 바탕에서 레몬색은 빛이 난다. 마치 잘 익은 레몬들이 노란 녹색 형광빛으로 "나 여기 있소!" 하고 외치는 듯하다.

레몬색은 보는 것만으로도 시큼함이 느껴진다. 입 안 가득 침이 고인다. 쓰읍! 레몬은 풍부한 비타민으로 몸속 독소를 청소해 주는 대표적인 디톡스 과일이다. 레몬을 깨무는 순간 온 몸의 세포가 깨어나는 걸 느낀다. 비타민으로 샤워를 한 듯 정신이 번쩍 든다.

| '나 여기 있어요!' 따뜻한 녹색 사이에서 차가운 레몬색이 눈에 띈다.

기운이 나고 에너지가 넘치는 오렌지색 배색 디자인 예 ●●

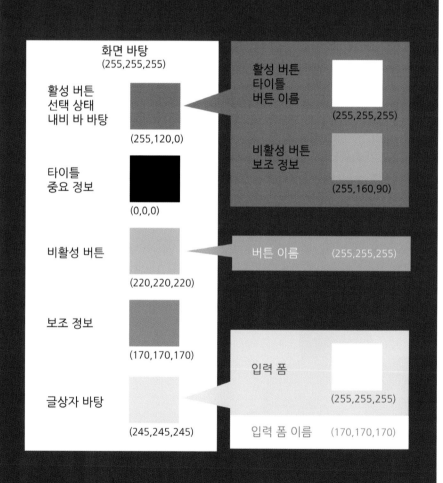

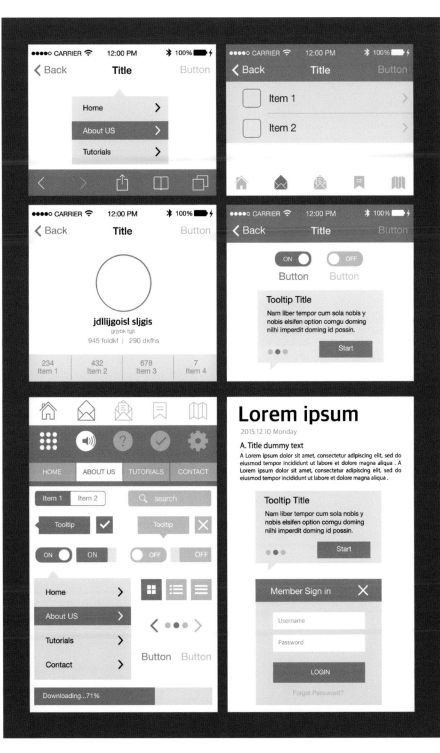

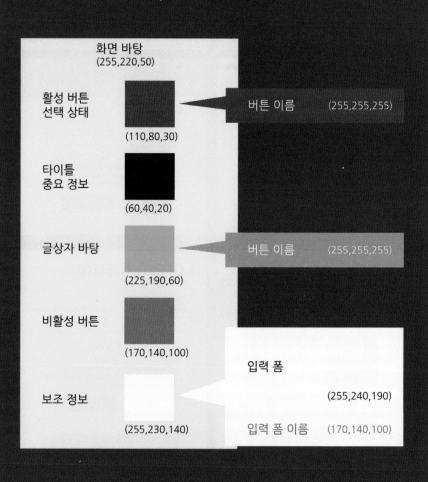

발랄하고 귀여운 느낌의 노란색과 초콜릿색 배색 디자인 예 ●●

화면 바탕
(255,220,50)

활성 버튼
선택 상태
버튼 이름　　　　(255,255,255)
(110,80,30)

타이틀
중요 정보
(60,40,20)

글상자 바탕
버튼 이름　　　　(255,255,255)
(225,190,60)

비활성 버튼
(170,140,100)

입력 폼

(255,240,190)

보조 정보
(255,230,140)
입력 폼 이름　　(170,140,100)

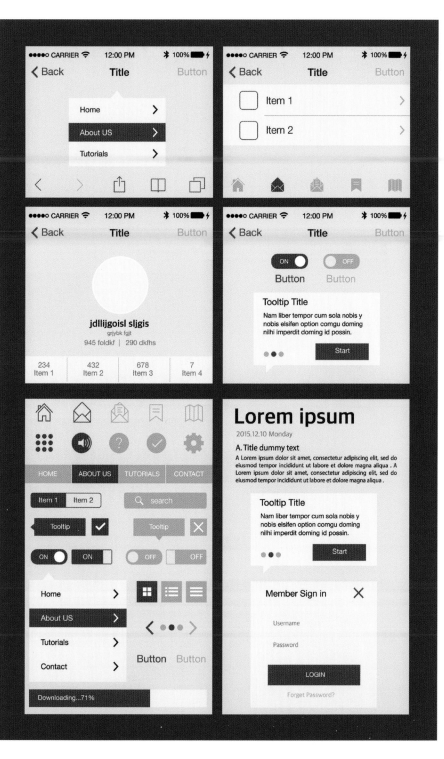

화면 바탕
(160,210,90)

활성 버튼
선택 상태

버튼 이름　　　(40,50,10)

(255,250,50)

타이틀
중요 정보

(30,40,0)

비활성 버튼

버튼 이름　　　(40,50,10)

(190,240,120)

보조 정보

(120,150,80)

입력 폼

(150,200,70)

글상자 바탕

입력 폼 이름　　(120,150,80)

(130,180,50)

202

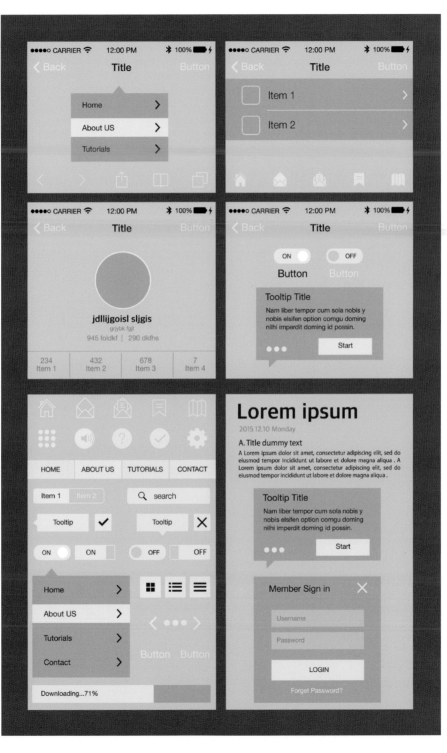

녹색

자연의 색 _ 녹색

녹색은 자연의 색이다. 나뭇잎, 풀, 채소 등 거의 모든 식물은 녹색이다. 녹색 채소를 먹으면 몸에 좋은 일을 한 것 같아 왠지 뿌듯하다. 이렇듯 녹색은 생명과 건강을 상징한다.

색은 빛의 파장이다. 사물이 반사한 빛의 파장을 두뇌가 색상으로 느낀다. 녹색은 중간 파장이다. '빨주노초파남보'를 생각해 보면 초록색은 확실히 중간에 있다. 파장이 굉장히 안정되어 눈에 피로를 주지 않는다. 눈이 편하니 마음도 편하다. 녹색은 평온, 안정, 안전, 평화의 상징이다.

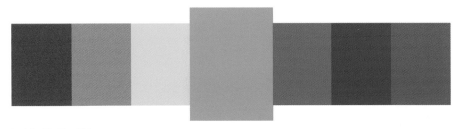

| 가운데 녹색, 기준!

녹색은 빨간색과 오렌지색처럼 강렬함은 없지만, 녹색 특유의 매력으로 시선을 잡아끈다. 그건 바로 편안함이다. 녹색은 온갖 미디어에 지친 눈에게 이리 와서 편히 쉬라고 한다. 고기 먹을 땐 왠지 녹색 쌈 채소에 손이 더 가듯이 말이다.

피곤할 때나 스트레스가 쌓일 때 녹색을 보자. 특히 자연 속에 있는 녹색을 보자. 풀과 꽃, 나무 사이를 걷다 보면 지친 몸과 마음이 치유된다. 녹색은 치유의 색이다.

| 일이 안 풀릴 땐 무조건 산책을 해 보자.

하얀색과 함께 하면
순수한 느낌을 갖는 색 _ 녹색

녹색은 빛의 중간 파장이면서 '빨주노초파남보'에서 가장 넓은 영역을 차지한다. 굳이 글로 풀어보자면 '빨주우노초오오오옵파아남보오'라고 할 수 있다. 녹색은 대가족이다. 연녹색과 녹색, 수박색, 노란색이 많이 섞인 올리브녹색, 카키색, 연두색 그리고 파란색이 섞인 초록색, 에메랄드색, 아쿠아마린색 등 가장 대표적인 녹색들만 소개해도 이 정도이니 녹색 가족 수는 어마어마하다.

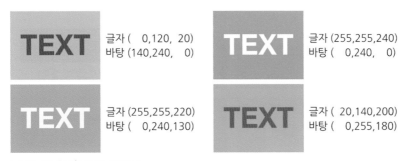

| 녹색 가족들이 한 자리에 모였네.

녹색은 뜨겁지도 차갑지도 않은 미지근한 색이다. 미지근한 물에 뜨거운 물을 부으면 따뜻해지고 차가운 물을 부으면 시원해지듯, 녹색은 빨간색 노란색과 함께 있으면 따뜻한 느낌이 나고, 하늘색 파란색과 함께 있으면 시원한 느낌이 난다.

녹색은 하얀색과 함께 있을 때 비로소 녹색 그대로의 순수한 녹색이 된다. 하얀색은 빨간색 때와 마찬가지로 녹색이 가진 순수한 느낌을 끌어낸다. 역시 하얀색은 순수의 마법사다.

| 녹색은 주변색의 영향을 잘 받는다.

신선한, 건강한, 친근한, 숲이나 자연의 느낌을 내고 싶다면 녹색과 하얀색을 배색한다.

| 노란색이 살짝 섞인 따뜻한 느낌의 녹색과 파란색이 살짝 섞인 시원한 느낌의 녹색이다. 녹색은 변화무쌍하다.

바탕색 용도로 쓰이는 색 _ 녹색

바탕색으로 사용하기 좋은 밝은 녹색, 중간 밝기 녹색, 진한 녹색이다. 디바이스에서 직접 테스트해 보고 눈이 가장 편안한 색을 골라 사용하자.

글자 (0, 60, 20)
바탕 (110,255,100)

글자 (255,255, 50)
바탕 (20,190, 20)

글자 (255,255,180)
바탕 (0, 60, 20)

ㅣ 바탕색으로 사용하면 좋은 녹색들이다.

글이나 아이콘색을 검은색 대신 어두운 녹색, 어두운 갈색으로 사용해보자. 디자인 분위기가 한결 부드러워진다. 밝은 분위기의 디자인에는 검은색 대신 바탕색과 같은 계열의 어두운 색을 사용한다는 법칙을 기억하자.

만능 바탕색 _ 칠판녹색

칠판녹색은 만능 바탕색이다. 요리의 대가들이 직접 담근 만능 간장 같다. 어느 요리든 이것만 들어가면 맛이 살아난다는 전설의 만능 간장처럼 칠판녹색은 모든 색을 예뻐 보이게 한다. 특히 맑은 녹색이 예뻐 보인다.

신뢰를 주는, 차분한, 중후한, 어른스러운, 지적인, 성실한 느낌을 주는 짙은 녹색 배색이다.

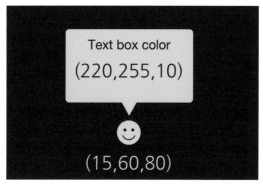

| 푸른색이 살짝 추가된 칠판녹색은 시원한 느낌이 든다.

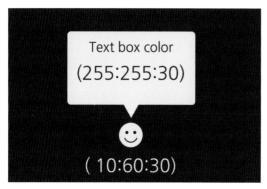

| 노란색이 살짝 추가된 칠판녹색은 따뜻한 느낌이 든다.

강조할 부분에 적절한 색 _ 형광 녹색

RGB 0,255,0 녹색 원색은 형광색이다. 빨간색 원색만큼 강렬하다. 자연이 만든 녹색은 눈을 편안하게 하는데, 기계가 만든 녹색은 눈을 피곤하게 한다. 역시 자연이 최고다. 녹색 원색은 빨간색 원색과 마찬가지로 바탕색이나 글자색으로 사용하지 말자. 사용자의 눈을 피곤하게 해서 좋을 거 하나 없다. 사용자랑 싸우는 거 아니다.

노란 원색과 녹색 원색이 섞인 형광 빛 연녹색은 주로 형광펜에 사용하는 강조 색상이다. 원색은 강렬한 자극을 줄이기 위해 작은 면 혹은 강조할 부분에만 칠해야 한다는 점을 잊지 말자.

| 형광 녹색은 바탕색에 절대 사용하지 말고 강조하고 싶은 부분에만 사용하자!

211

글자 (255,255,255)
바탕 (0,255,   0)

글자 (255,255,255)
바탕 (60,255,   0)

글자 (255,255,255)
바탕 (120,255,   0)

| 형광 녹색 바탕에는 글자색으로 하얀색을 사용한다.

그리움이 느껴지는 색 _ 민트색

색상도 나이를 먹는다. 인쇄된 색상은 오랫동안 햇빛과 공기에 산화되며 누렇게 바래진다. 바랜 색은 아늑한 느낌을 준다. 민트색은 녹색에 하얀색과 노란색을 조금 섞은 색이다. 노란색이 민트색을 바래보이게 하여 왠지 그리움이 느껴진다. 예전엔 민트색도 싱그러운 녹색이었을 것이고, 오렌지색도 정렬적인 빨간색이었을 것이다. 생생함은 줄었지만 낭만은 늘었다. 바랜 색은 들려주고 싶은 이야기가 많을 것처럼 느껴진다.

| 바랜 색은 아늑한 느낌을 준다.

212

글자 (230,120, 30)
바탕 (210,245,200)

글자 (230,120, 30)
바탕 (195,245,160)

글자 (230,120, 30)
바탕 (210,240, 90)

| 민트색에 오렌지색을 배색하니 아늑한 느낌에 포근한 느낌이 더해진다.

햇살 담은 색 _ 올리브녹색

올리브는 지중해의 따뜻한 햇살을 듬뿍 담은 열매이다. 올리브녹색은 녹색에 노란색을 섞은 색이다. 녹색의 평온한 느낌에 노란색의 따뜻한 느낌을 섞은 포근한 느낌의 색이다.

모바일 화면에서 특히 예뻐 보이는 색들이 있다. 올리브녹색은 그 중 하나다. 눈을 편하게 하고, 마음도 포근하게 하여 화면 전체를 채우기 좋다.

올리브녹색은 밝은 분위기의 디자인에서부터 중후한 분위기의 디자인까지 잘 어울리는 바탕색이다.

글자 (135,165, 40)
바탕 (200,230,140)

TEXT
글자 (255,255,255)
바탕 (200,220, 30)

TEXT
글자 (195,230,140)
바탕 (130,160, 40)

| 올리브 녹색은 눈이 좋아하는 색이다.

새내기처럼 풋풋한 색 _ 연두색

연두색은 새싹색이라서 새내기처럼 풋풋하다. 그리고 녹색은 한 여름 울창한 숲의 색이라서 숲이 내뿜는 피톤치드가 느껴진다. 그래서 풋풋한 연두색과 싱싱한 녹색은 친환경, 식품, 건강 관련 디자인에 많이 사용한다.

연두색과 녹색 디자인은 봄에서 여름으로 넘어가는 초여름의 이미지가 떠오른다. 더워지기 전, 놀러 가기 딱 좋은 5월이 느껴진다.

(225,255,15)   (205,255,15)   (160,250,15)

| 싱그러운 느낌을 주는 연두색이다.

녹색을 은은하고 우아하게 하는 배색 _ 녹색과 회색

칠판녹색은 바탕색으로 참 좋은데 색상이 어두워서 디자인 분위기도 어둡다. 그렇다고 하얀색을 바탕색으로 칠하면 연녹색이 잘 보이지 않는다. 연녹색도 잘 보이면서 디자인 분위기도 밝게 할 방법이 없을까?

은빛회색은 은은한 은빛이 나서 밝고 우아하다. 은빛회색 속 연녹색은 더욱 맑고 선명하다. 그렇다. 주변색보다 맑은 색은 더욱 맑아 보이기 때문에 화사함을 몰아주는 것이다. 은빛회색은 연녹색을 더욱 맑고 선명해 보이게 하고 디자인 분위기도 밝게 한다.

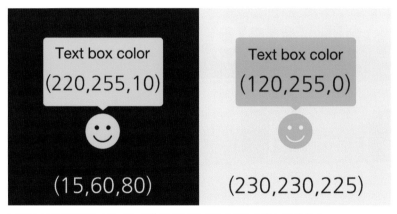

| 칠판녹색과 은빛회색 바탕 비교. 은빛 회색은 연녹색을 은은하게 돋보이도록 한다.

생긴 건 엄마인데
성격은 아빠인 색 _ 에메랄드녹색

지중해 에메랄드빛 바다, 공작새의 에메랄드빛 깃털, 에메랄드 보석, 터키석 등 에메랄드녹색은 자연에서 쉽게 만날 수 없는 색상이라 신비한 느낌이다.

에메랄드녹색은 눈에 보이는 건 녹색처럼 밝은데, 실제는 파란색만큼 어둡다. 에메랄드녹색과 비슷한 밝기의 회색은 상당히 어둡게 느껴진다. 에메랄드녹색과 비슷한 밝기라는 게 믿기지 않는다. 실제론 어두운데 밝다고 착각이 드는 에메랄드녹색, 정말 매력적이야.

| 어둡지만 밝아 보이는 에메랄드녹색이다.

에메랄드녹색에 하얀색과 노란색이 딱 좋다. 디자인 분위기를 선명하고 환하게 한다. 에메랄드녹색을 바탕색으로 사용할 땐 글과 아이콘 색에 어두운 색이나 검은색 사용을 피하자. 두 색의 밝기 차이가 별로 없어 답답하고 어두침침한 느낌이 들 수 있다.

청량한 느낌의 색_아쿠아마린색

목욕을 마친 후 스킨을 바를 때 알싸한 느낌과 함께 퍼지는 신선한 향에 기분이 상쾌하다. 깊은 산속에서 촉촉함을 머금은 피톤치드가 온 몸을 감싸는 듯하다. 색상으로 이 상쾌한 기분을 전할 수 없을까. 아~ 상쾌하오.

아쿠아마린색은 녹색에 하늘색을 섞은 색이다. 녹색의 싱그러운 느낌에 하늘색의 시원한 느낌이 더해져 상쾌한 느낌이 난다.

글자 (100,160,120)
바탕 (170,255,200)

글자 (255,255,255)
바탕 (0,255,190)

글자 (255,255,255)
바탕 (70,235,195)

| 시원한 느낌의 아쿠아마린색이다.

아쿠아마린색과 연두색 하늘색을 함께 사용하면 뚜껑을 따는 순간 '촤아아아' 하고 솟아오르는 탄산수를 마시는 듯한 청량한 느낌이 든다.

건강한 느낌의 녹색과 하얀색 배색 디자인 예 ● ●

화면 바탕
(255,255,255)

활성 버튼
선택 상태

버튼 이름   (255,255,255)

(0,230,0)

타이틀
중요 정보

(0,70,20)

비활성 버튼

버튼 이름   (255,255,255)

(220,220,220)

보조 정보

(170,170,170)

입력 폼

글상자 바탕

(255,255,255)

(245,245,245)

입력 폼 이름   (170,170,170)

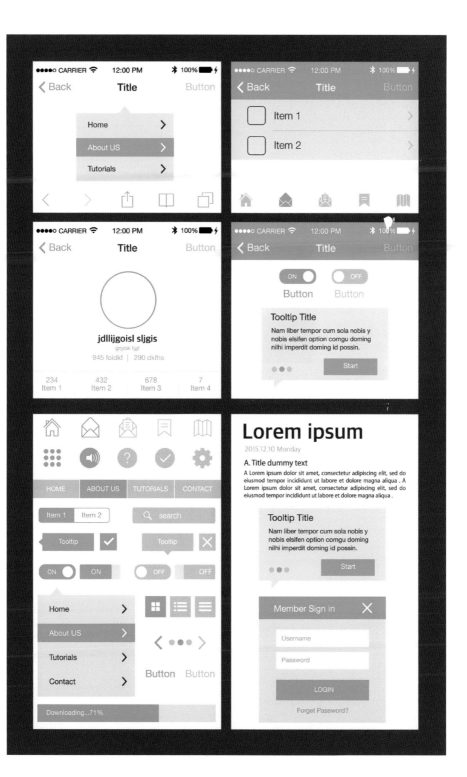

화면 바탕
(200,255,190)

활성 버튼
선택 상태

버튼 이름　(255,255,255)

(0,130,20)

타이틀
중요 정보

(10,70,30)

비활성 버튼

버튼 이름　(0,130,20)

(145,240,105)

보조 정보

(110,170,110)

입력 폼

(255,255,255)

글상자 바탕

입력 폼 이름　(110,170,110)

(240,255,235)

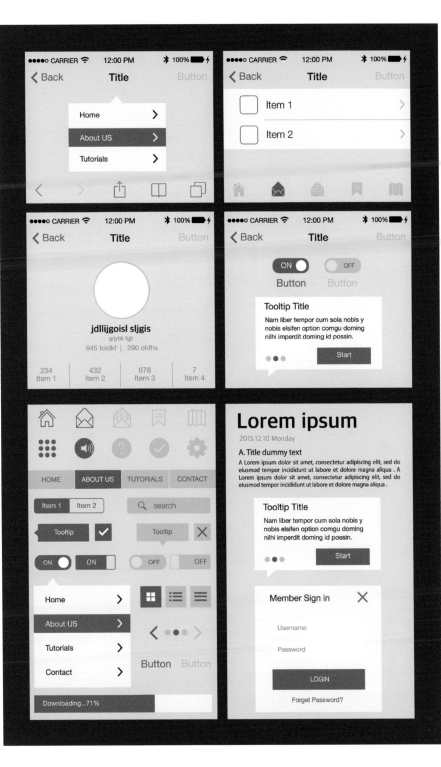

지적인 느낌을 주는 짙은 녹색 배색 디자인 예 ● ●

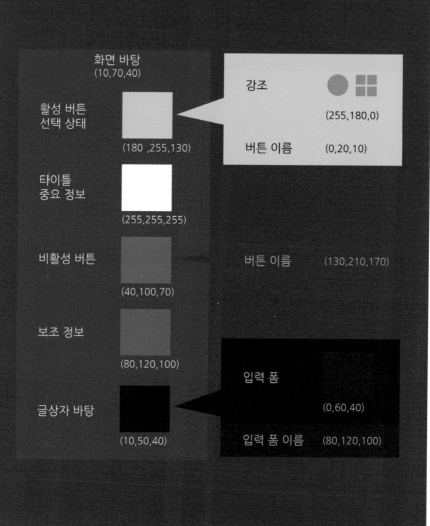

화면 바탕
(10,70,40)

활성 버튼
선택 상태

(180 ,255,130)

강조

(255,180,0)

버튼 이름   (0,20,10)

타이틀
중요 정보

(255,255,255)

비활성 버튼

(40,100,70)

버튼 이름   (130,210,170)

보조 정보

(80,120,100)

입력 폼

(0,60,40)

글상자 바탕

(10,50,40)

입력 폼 이름   (80,120,100)

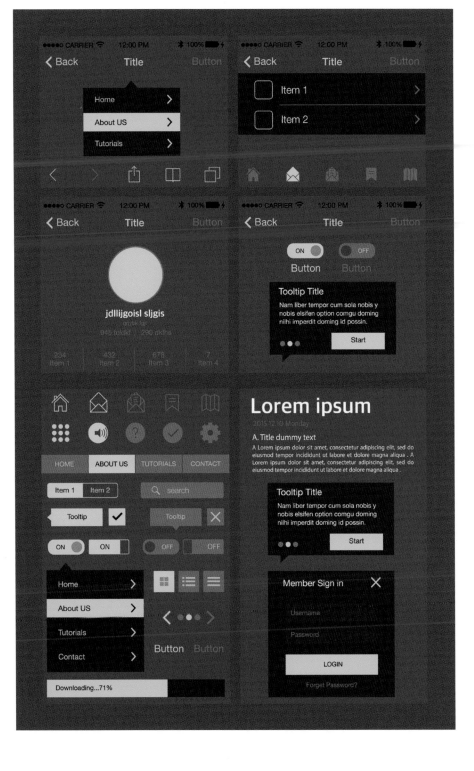

포근한 느낌의 올리브녹색 배색 디자인 예

화면 바탕
(210,230,80)

활성 버튼
선택 상태

버튼 이름   (255,255,255)

(90,110,0)

타이틀
중요 정보

(50,60,0)

글상자 바탕

버튼 이름   (245,245,210)

(180,200,60)

비활성 버튼

(170,180,100)

입력 폼

보조 정보

(250,240,220)

(250,240,190)

입력 폼 이름   (170,180,100)

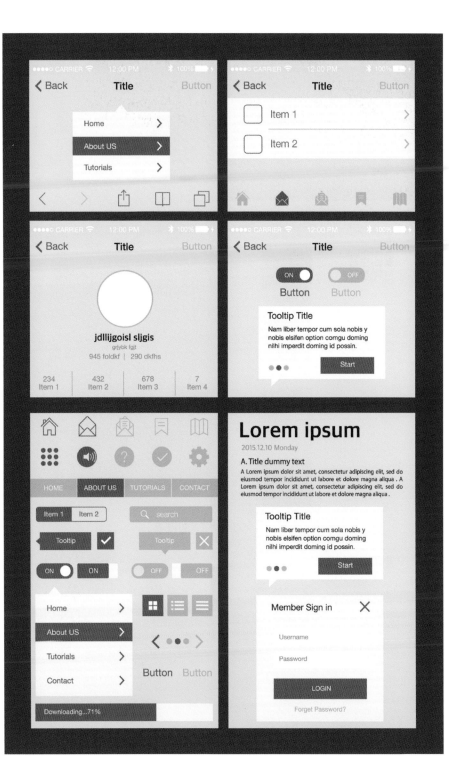

상쾌하고 세련된 느낌의 녹색과 회색 배색 디자인 예 ●●

화면 바탕
(240,240,240)

활성 버튼
선택 상태

버튼 이름　　　(255,255,255)

(0,180,60)

타이틀
중요 정보

(30,90,20)

비활성 버튼

버튼 이름　　　(255,255,255)

(210,210,210)

보조 정보

(180,180,180)

입력 폼

글상자 바탕

(250,255,245)

(235,255,230)

입력 폼 이름　　(180,180,180)

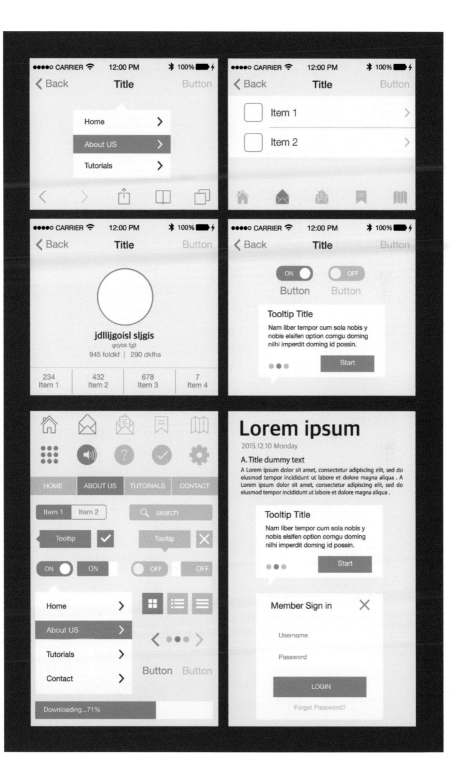

선명한 느낌의 에메랄드 녹색과 하얀색, 노란색 배색 디자인 예 ●●

화면 바탕
(20,210,190)

활성 버튼
선택 상태

버튼 이름   (20,70,60)

(255,230,90)

타이틀
중요 정보

(255,255,255)

글상자 바탕

버튼 이름   (20,70,60)

(80,230,220)

비활성 버튼

(200,230,230)

입력 폼

(245,255,250)

보조 정보

입력 폼 이름   (200,230,230)

(230,255,250)

청량한 느낌의 아쿠아마린색 배색 디자인 예 ●●

화면 바탕
(255,255,255)

강조

(255,255,255)

활성 버튼
선택 상태

(5,225,205)

버튼 이름   (25,120,110)

타이틀
중요 정보

(0,90,80)

비활성 버튼

버튼 이름   (25,120,110)

(200,245,240)

보조 정보

(180,180,180)

입력 폼

(250,255,255)

글상자 바탕

(235,255,255)

입력 폼 이름   (180,180,180)

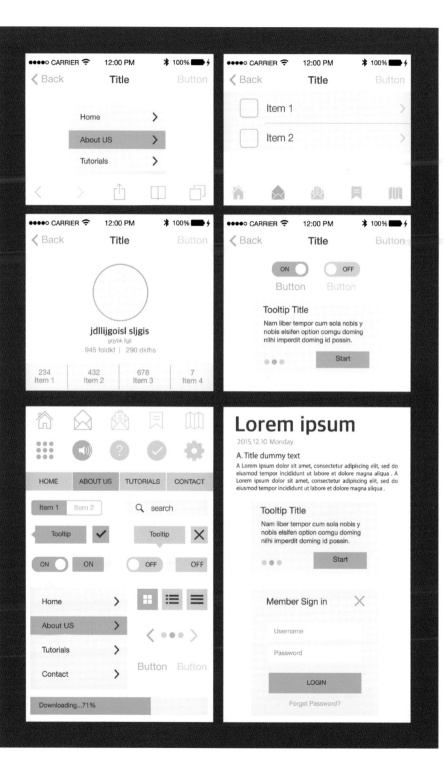

CHAPTER 4

파란색

하늘색은 진리

하늘이 유난히 푸른 날에는 이런 생각이 들지 않나? '확 놀러갈까? 땡땡이칠까?'

사람, 국가, 문화 그리고 시대마다 색상이 가진 의미가 다르고, 이를 보고 느끼는 감정이 다를 수 있다. 하지만 하늘색은 거의 같다. 맑고 푸른 하늘을 싫어할 사람 없고, 맑고 푸른 하늘색을 싫어할 사람은 없다. 지구인이라면.

거의 모든 것이 하늘 아래 있듯이 거의 모든 색은 하늘색 안에 놓일 수 있다. 푸른 하늘색 배경에 두둥실 하얀색 구름, 뜨거운 붉은색 태양, 따스한 노란색 햇살, 울창한 초록색 숲, 시원하게 펼쳐진 파란색 바다, 머나 먼 에메랄드색 지중해, 고구마 심은 갈색 텃밭, 아름드리 어두운 갈색 나무 기둥, 쑥쑥 자라라 연두색 새싹, 귀여운 노란색 개나리, 가시 돋친 빨간색 장미, 무지개 여신 청보라색 아이리스(붓꽃), 붉은 갈색 낙엽, 알알이 쏙쏙 보라색 포도. 아! 끝이 없다. 그냥 주변을 둘러보자. 모든 색은 하늘색과 잘 어울린다.

| 모든 색은 하늘 아래에 있다.

디자인에 바탕색을 무엇으로 할까 고민 중이라면, 묻지도 따지지도 말고 하늘색이다. 디자인을 망치지 않는다.

글과 아이콘에 쓰는 색
_진한 하늘색

작은 면에 칠해진 밝은 하늘색은 넓은 바탕에 칠해진 밝은 하늘색과 느낌이 다르다. 좀 더 흐릿하고 밝아 보인다. 색의 느낌은 칠한 면이 크면 더 강해지고 작으면 더 약해진다. 덩치가 큰 색이 더 세 보이는 효과라 할까. 작은 글과 아이콘에 칠할 하늘색은 바탕에 칠할 하늘색보다 짙은 게 좋다.

글자 (10,180,240)
바탕 (100,250,255)

글자 (255,255,255)
바탕 (20,220,255)

글자 (255,255,255)
바탕 (5,180,245)

| 젊은, 활동적인, 신선한, 깨끗한 느낌의 디자인에 잘 어울리는 색 배색이다.

진한 하늘색은 하늘색의 맑은 느낌과 파란색의 짙은 느낌을 동시에 가진 색이다. 그래서 가벼운 느낌과 시원한 느낌을 준다. 발랄하면서도 차분한 느낌을 가진 색이다.

창밖의 하늘은 왜 이리도
맑고 푸른지_하늘색 원색

한 여름의 하늘은 유난히 맑아서 눈이 부시다. 하늘색 원색도 너무 맑아서 눈이 시리다. 사용자가 인상을 쓰게 돼 못 생겨질 수 있다. 사용자의 잘생김을 보호하기 위해 넓은 바탕 면에는 하늘색 원색을 칠하지 않는다. 하늘색 원색도 다른 원색들처럼 작은 면의 바탕색 혹은 글과 아이콘의 강조색으로 사용한다.

형광 하늘색과 밝은 하늘색 비교,
형광 하늘색을 봤을 때 눈을 찡그
리게 된다.

야경이 뛰어난 도시는 낮보다 밤에 더 아름답다. 원색도 밝은 바탕색보다 어두운 바탕색에서 더 예쁘다. 어두운 색이 원색의 눈부심을 줄여 주어 보기에도 훨씬 편하다. 푸른 어둠색, 칠판 녹색 그리고 짙고 따뜻한 회색과 잘 어울린다.

짙고 따뜻한 회색과 하늘색 원색 배색은 어두운 방에 누워 창을 통해 보는 하늘을 떠올리게 한다. 왜 이리 맑고 푸른지. 특히 마감이 다가와 책상 앞을 떠날 수 없을 때 더 그렇다. 에잇! 비나 와라.

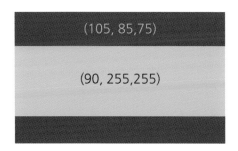

(105, 85,75)

(90, 255,255)

창문 밖 하늘은 왜 그리 선명하던지.

마음을 진정시키는 색 _ 파란색

파란색은 마음을 진정시키는 색이다. 부교감신경을 자극해 몸과 마음의 긴장을 풀어 진정시킨다. 그래서 파란색은 안정과 휴식의 색상이다.

파란색으로 침실을 꾸미면 마음이 진정되어 잠이 잘 오기 때문에 이 색으로 공부방을 꾸미면 마음이 차분해져서 공부에 집중할 수 있다고 한다. 하지만 지나치면 안 된다. 우울해져 온 종일 잠만 잘 수 있다.

글자 (255,255,255)
바탕 (20,160,255)

글자 (255,255,255)
바탕 (0, 90,240)

글자 (255,255,255)
바탕 (0, 90,230)

| 파란색은 바탕색으로 가장 좋다.

더운 여름에 더 생각나는 색 _ 파란색

더운 여름에 생각나는 색은 역시 파란색이다. 파란색의 시원한 느낌이 열기를 식혀주는 듯하다. 파란색 바탕 위에 하얀색 글과 아이콘은 부서지는 하얀 파도, 첨벙첨벙 튀어 오르는 물방울을 떠오르게 한다.

한 여름 바다가 떠오른다. 언제든 가고 싶은 곳이자 힘들고 지칠 땐 바다에 가고 싶다. 왜 바다에 가면 마음이 편한 걸까. 파란색과 함께 '쏴아아' 하는 소리 때문 아닐까. 물소리는 태아 때 엄마 뱃속에서 듣던 양수 소리와 비슷해서 뇌파를 안정시킨다고 한다.

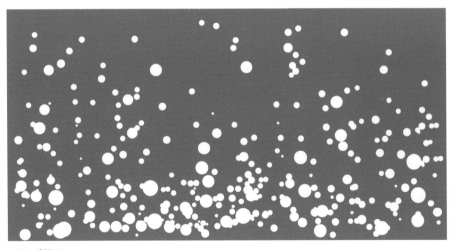

| 아! 시원하다.

지식과 권력을 상징하는 색
_깊은바다색

태평양 깊숙한 바닷 속 인간이 아직 정복하지 못한 미지의 세상. 깊은바다색은 깊은 바다의 신비로움과 두려움을 모두 담고 있어서 지식과 권력의 힘을 표현한다. 바다만큼 깊고 무거운 지식과 권력을 상징하는 색이다.

IT계열 기업에서도 많이 사용하는 색이다. 깊은바다색은 미지의 세계를 개척하는 탐험 정신과 끊임없이 연구하는 탐구 정신을 표현한다. 디자인을 배우고자 이 글을 읽고 있는 개발자를 상징하는 색이다.

깊은바다색은 믿음직한, 탐구적인, 신비로운, 남성스러운 느낌이 나는 디자인에 좋다.

글자 (240,240,255)
바탕 (40, 40,180)

글자 (200,240,255)
바탕 (5, 0,110)

글자 (200,240,255)
바탕 (0, 0, 55)

| 이 글을 읽고 있는 개발자의 깊은 지식과 탐험 정신을 닮은 깊은바다색이다.

07

Section

'산토리니' 하면 떠오르는 색
_코발트색

코발트색의 지중해를 배경으로 그 바다색을 꼭 닮은 코발트색 지붕이 얹어진 새하얀색 집들이 옹기종기 모여 있는 곳, '산토리니'이다.

파란색보다 어둡고 깊은바다색보다 밝은 코발트색, 형광 빛이 살짝 난다. 즉 눈에 자극을 준다. 형광색은? 그렇다. 바탕색으로 사용하지 않는 게 좋다.

| 산토리니 느낌의 하얀색 바탕에 코발트색 디자인 예

하얀색 바탕에 코발트색을 놓아 보자. 작은 아이콘을 담은 상자 모양이 좋겠다. 코발트색 상자들 사이를 살짝 띄운다. 마치 산토리니의 꾸불꾸불한 작은 골목길을 걷고 있는 듯하다. 골목 틈 사이로 진한 코발트색 바다가 드문드문 보인다. 이 모퉁이를 돌면 뭔가 멋진 세계가 펼쳐질 것 같은 느낌. 이게 골목여행의 맛 아닐까? 마음이 빨리 가자고 재촉한다.

글자 (40,190,255)
바탕 (0, 0,255)

글자 (255,255,255)
바탕 (0, 10,255)

글자 (255,255,255)
바탕 (0, 0,150)

| 코발트색과 파란색, 하얀색 배색이다.

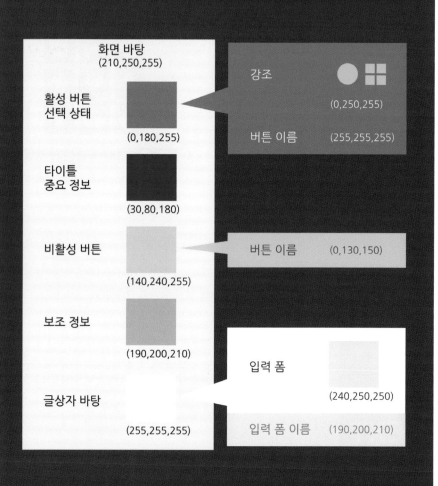

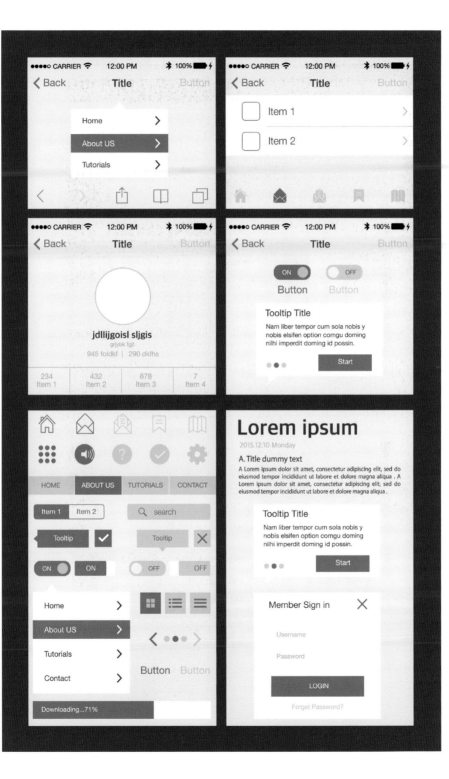

화면 바탕
(255,255,255)

활성 버튼
선택 상태

버튼 이름 (255,255,255)

(0,160,255)

타이틀
중요 정보

(20,100,160)

비활성 버튼

버튼 이름 (130,140,150)

(220,230,240)

보조 정보

(180,190,190)

입력 폼

(245,255,255)

글상자 바탕

입력 폼 이름 (180,190,190)

(230,250,255)

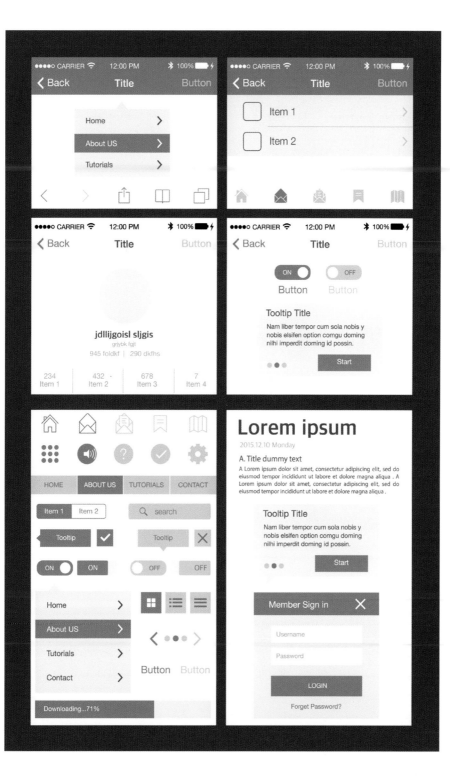

화면 바탕
(255,255,255)

활성 버튼
선택 상태

버튼 이름 (255,255,255)

(0,220,255)

타이틀
중요 정보

(0,150,220)

비활성 버튼

버튼 이름 (140,150,150)

(220,230,230)

보조 정보

(180,180,180)

입력 폼

(250,250,250)

글상자 바탕

(245,245,245)

입력 폼 이름 (180,180,180)

244

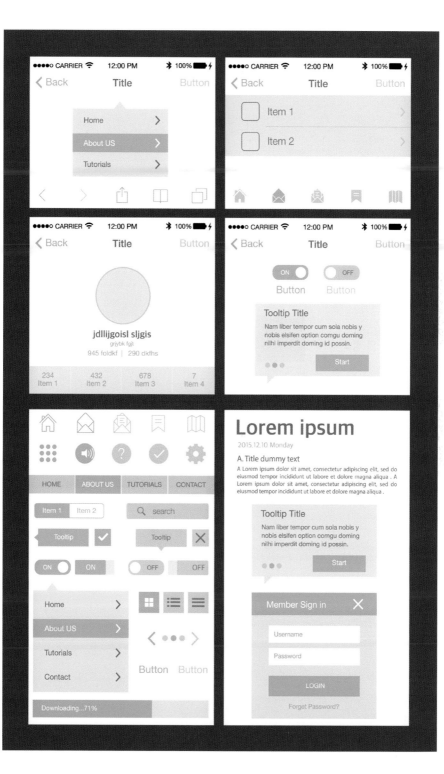

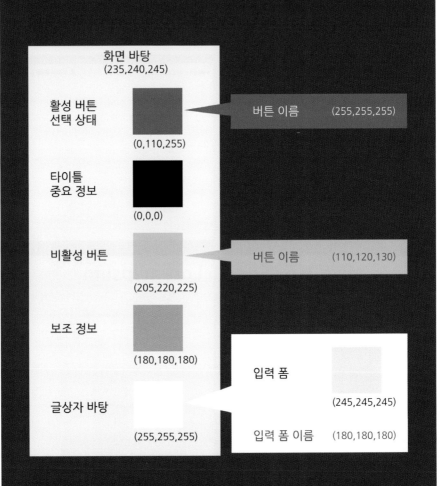

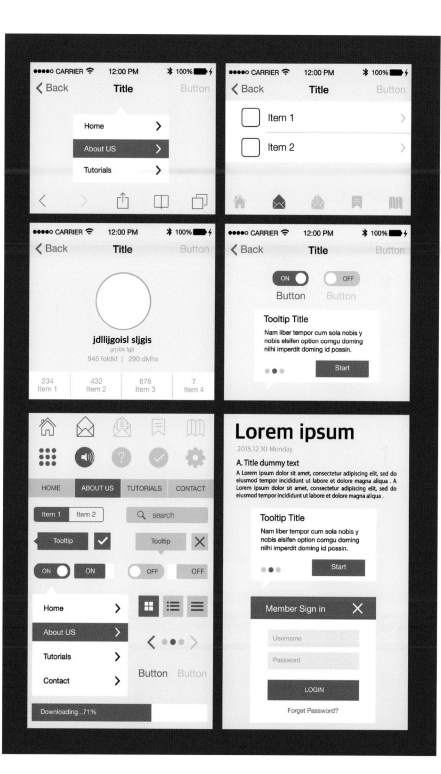

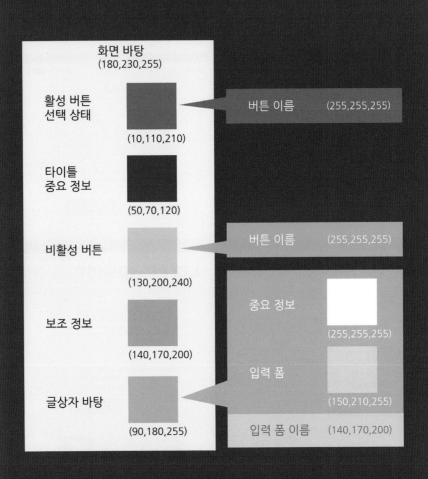

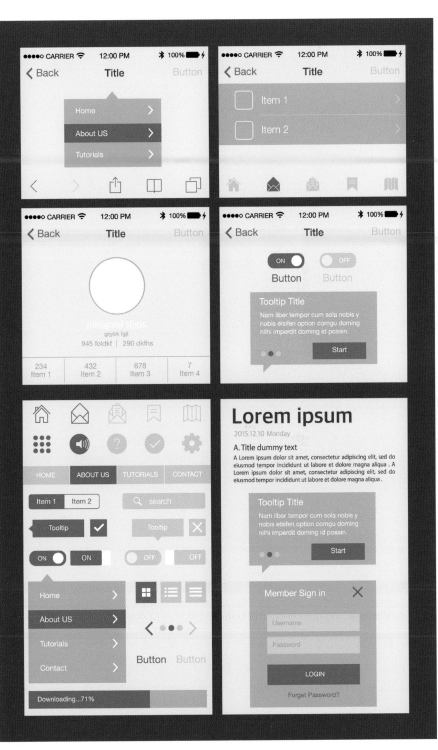

깊은 바닷속처럼 신비로운 느낌의 깊은바다색과 파란색 배색 디자인 예

화면 바탕
(20,20,105)

활성 버튼
선택 상태

버튼 이름   (255,255,255)

(0,160,255)

타이틀
중요 정보

(220,230,255)

비활성 버튼

버튼 이름   (255,255,255)

(40,60,170)

보조 정보

(70,80,140)

입력 폼

글상자 바탕

(45,95,205)

(30,85,195)

입력 폼 이름   (70,80,140)

250

CHAPTER 5

보라색

미치거나 혹은 예쁘거나_보라색

보라색은 가장 차가운 느낌의 파란색과 가장 뜨거운 느낌의 빨간색을 섞어 만든 색이다. 도저히 섞일 것 같지 않은 두 라이벌 색상을 섞었으니 보라색의 느낌은 오묘하다. 때로는 뜨거워 보이고 때로는 차가워 보인다. 화사해 보이기도, 칙칙해 보이기도, 야해 보이기도, 가끔 촌스러워 보이기도 한다. 정말 보라색은 클라이언트의 요구사항 같다.

이리저리 날뛰는 색의 느낌 때문일까. 보라색은 예술가가 좋아하는 색이라고 알려져 있다. 야생마를 길들이고 싶은 심정인가 보다. 정말 예쁜 보라색을 만들고 싶은 예술가의 도전 정신을 자극하는 듯하다. 보라색을 좋아하면 미친 사람이라는 소문도 있던데 절대 아니다.

I 푸른 보라, 붉은 보라, 노란색이 춤을 추는구나!

02
Section

겉은 차가워도 속은 따뜻한 색
_라벤더꽃색

라벤더꽃색을 보고 있자면 프랑스 남부 액상 프로방스 지역의 라벤더 꽃밭이 떠오른다. 밝은 하늘색 하늘과 짙은 녹색 초원 위로 푸르고 맑은 보라색 물감을 흩뿌려 놓은 것 같은 광경이 한 폭의 그림이다. 라벤더꽃색은 푸른빛이 도는 맑은 보라색이다. 겉은

| 라벤더꽃색에는 하얀색이 잘 어울린다.

차가워 보이지만 속은 따뜻한 개발자를 닮은 색상이다. 라벤더는 화장품과 향수의 주원료로 여성들이 좋아한다. 라벤더 향은 긴장을 풀어주고 마음을 편안하게 해주는 아로마 효과가 있다. 정말 개발자의 마음을 닮았구나. 라벤더 향은 개발자의 향이다.

글자 (255,255,255)
바탕 (175,145,255)

글자 (255,255,255)
바탕 (140,110,255)

글자 (255,255,255)
바탕 (95, 50,255)

| 평온한 느낌의 라벤더 보라색이다.

254

03

Section

봄바람이 부는 듯한 색
_진달래꽃색

진달래와 라일락의 붉은 보라색은 파란색보다 빨간색이 많이 섞인 보라색이다. 차가운 파란색이 뜨거운 빨간색으로 변하는 중간 단계의 따뜻한 색이다. 진달래와 라일락꽃 색상은 봄의 색이다. 3~4월 추위에 떨던 온 산과 들을 따뜻하게 뒤덮어 봄이 왔음을 알려주는 봄꽃의 색상이

| 온화한 보라색과 중후한 보라색 배색이다.

다. 붉은 보라색이 밝으면 핑크색과 비슷해진다. 마음이 설레며 봄바람이 느껴진다. 샤랄랄라 ~ 꽃놀이 가자!

글자 (170, 80,190)
바탕 (220,170,230)

글자 (255,255,255)
바탕 (210,110,230)

글자 (255,255,210)
바탕 (200, 60,220)

| 밝은 보라색에는 어두운 보라색을 배색하고, 진한 보라색에는 하얀색을 배색한다.

봄, 차분함, 여성스러움, 온화함이 느껴지는 진달래꽃색이다.

고귀한 귀족의 색 _ 로얄보라색

보라색 옷은 왕족과 귀족만 입을 수 있었다. 그래서 보라색은 고귀한 신분을 나타낸다. 예전엔 보라색 염료를 조개에서 채취했는데 그 과정이 너무 어려워 구하기 힘들고 비쌌다. 색상의 느낌은 사물의 가격과 관계가 깊다.

| 보라색 바탕 위에서 우아하게 빛나는 황금노란색이다.

귀하고 비싼 사물의 색상이 더 고급스러워 보이는 게 당연하다.

보라색은 왕을 상징한다. 옛날엔 왕은 인간의 모습으로 태어난 신이라고 생각했다. 파란색은 신을 상징하는 하늘의 색이다. 빨간색은 인간의 피를 상징하는 생명의 색이다. 두 색을 섞은 보라색으로 신과 인간이 결합한 왕을 표현했다.

보라색을 왕족과 귀족이 사용한 또 하나의 이유는 보라색이 황금색을 가장 돋보이게 해주는 색이기 때문이다. 보라색 천에 놓인 황금 자수가 우아하게 빛이 난다. 황금노란색과 보라색은 정반대색이다. 두 색상이 강하게 충돌하기 때문에 보라색 위에 황금노란색이 톡톡 튀어 보인다. 황금노란색은 밝은 색이고 보라색은 어두운 색이다. 두 색의 밝기 차이가 크기 때문에 황금노란색이 뚜렷해 보인다. 황금노란색은 밝고 보라색은 탁하다. 때문에 황금노란색이 더 맑아 보인다.

그래서 보라색 옷을 입으면 내 노란색 얼굴이 더 환해 보이나 보다. 너무 환해서 더 커보이는 게 문제이다.

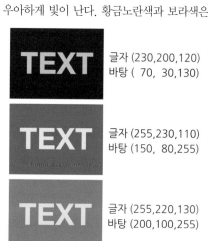

글자 (230,200,120)
바탕 (70, 30,130)

글자 (255,230,110)
바탕 (150, 80,255)

글자 (255,220,130)
바탕 (200,100,255)

| 귀족적인 느낌의 보라색과 황금노란색 배색이다.

여성스러우면서도 남성스럽고, 귀여우면서 우아한 보라색은 신비롭다. 밝은 보라색에 짙은 보라색으로 단색 설계를 하면 부드러운 느낌이 고급스럽다. 밝은 보라색에 하늘색으로 비슷한 색 설계를 하면 청량한 느낌이 든다. 짙은 보라색에 노란색으로 반대색 배색을 하면 화려한 느낌이 눈길을 끈다.

(220:190:220)

(130:90:200)

(170:125:200)

(30:20:100)

(245:170:220)

(120:50:140)

(180:230:230)

(255:220:100)

| 보라색은 독특한 예술적 감성이 흘러 넘치는 색이다.

라벤더 향처럼 마음을 편안하게 해주는 보라색 배색 디자인 예 ●●

화면 바탕
(200,175,255)

강조 ✔ ● ⊞
(255,235,130)

활성 버튼
선택 상태

버튼 이름 (255,255,255)

(150,100,255)

타이틀
중요 정보

(255,255,255)

비활성 버튼

버튼 이름 (255,255,255)

(215,195,255)

중요 정보

보조 정보

(100,90,130)

(230,220,255)

입력 폼

글상자 바탕

(230,250,255)

(200,250,255)

입력 폼 이름 (150,190,200)

밝은 보라색과 진한 보라색 그리고 따뜻한 노란색 배색 디자인 예 ●●

화면 바탕
(220,160,255)

활성 버튼
선택 상태

버튼 이름   (170,90,225)

(255,220,130)

타이틀
중요 정보

(255,255,255)

비활성 버튼

버튼 이름   (250,245,255)

(235,195,250)

중요 정보

보조 정보

(240,210,255)

(160,120,200)

입력 폼

글상자 바탕

(210,40,255)

(170,90,225)

입력 폼 이름   (160,120,200)

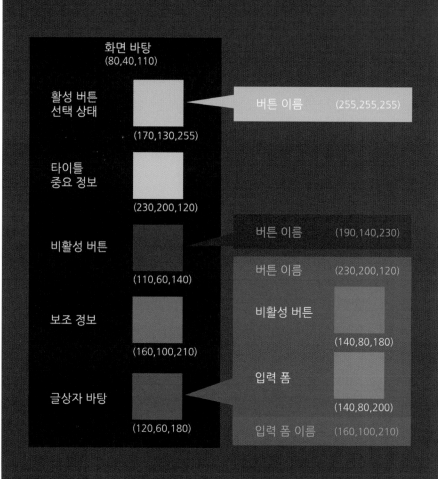

PART 4

좋은 디자인을 만드는 표현 법칙

가끔 말을 하다 보면 마음과 표현이 어긋나 오해가 생길 때가 있다. 고생문이 열린다. 그래서 소통을 할 때는 항상 상대방을 살피고 배려해야 한다. 디자인도 소통의 과학이다. 디자인 요소의 위치, 크기, 방향, 색상 등은 모두 말을 이루는 단어와 같다. 올바른 표현으로 정확하게 정보를 전해야 좋은 디자인이다. 오해할 것 없이 빠르게 이해할 수 있게 해야 한다. 정보를 정확하게 전하는 디자인 방법은 무엇일까? 디자인을 누가 사용할까? 사람이다. 그래서 좋은 디자인을 하려면 사람을 이해해야 한다. Part 4에서 좋은 디자인에 숨은 법칙을 소개한다. 여기서 소개한 법칙을 마치 게임을 하듯이 실제 작업에서 찾아내자. 이 연습을 많이 하면 디자인 분석 실력이 부쩍 늘 것이다. 그러면 자신이 한 디자인에 잘못된 부분을 볼 수 있다. 디자인 리팩터링(refactoring) 능력이 생긴다. 보이면 고칠 수 있다. 스스로 디버거가 되는 것이다.

CHAPTER 1

이미지로
설명한다

이미지로 보여 주기

이 글을 읽고 단번에 상상할 수 있다면 당신은 천재다.

> A가 참이면 B값을 내고 다시 A로 간다. A가 거짓이면 C값을 내고 D로 넘어간다. D가 참
> 이면 E값을 내고 다시 D로 간다. D가 거짓이면 E로 가서 값을 낸다. E값이 2보다 작으면
> A로 가서 다시 시작한다. E값이 2보다 크면 F값을 내고 끝나는 구조의 정보다.

복잡한 구조로 이루어진 정보는 말로만 설명하기 힘들다.

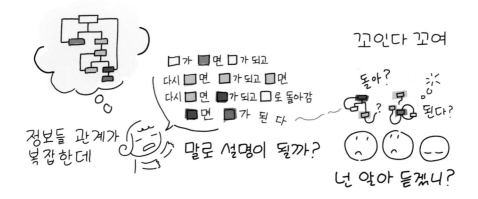

한 가지 생각을 5분 이상 유지할 수 있을까? 위에 글을 아직도 기억하는가? 우리는 금세 딴 생각을 하고 돌아서면 잊는다.

이미지로만 정보를 보여 주면 될까? 이미지는 정보의 구조를 보여 주기 좋지만 정보의 주제와 개념을 이해시키긴 어렵다.

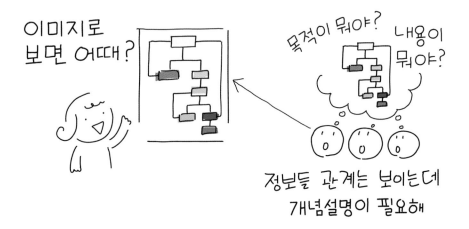

그래서 이미지로 보여 주며 글로 설명하면 좋다. 이미지는 복잡한 구도를 보여 주기 좋고, 글은 개념을 설명하기 좋다.

느낌으로 알려 주기

정수기 버튼 색상을 보면 물 온도가 느껴진다. 프랑스어를 몰라도 느낌으로 뜨거운 물 버튼을 찾을 수 있다.

빨간색을 보면 뜨거운 느낌이 파란색을 보면 차가운 느낌이 든다. 색상과 관련된 경험과 그때 느꼈던 감정이 떠오르기 때문이다.

정보의 뜻에 맞는 표현하기

정보의 뜻과 표현이 서로 맞지 않는다면 어떻게 될까? 사용자가 정보의 뜻을 오해할 수밖에 없다.

각 나라마다 다른 이미지 표현 방식

한국인에게, 미국인에게 주가 지수의 빨간색의 의미가 다르다. 한국인에게는 주가가 오른다는 의미이고, 미국인에게는 주가가 떨어진다는 의미이다.

272

왜 빨간색을 다른 의미로 사용할까? 한국인과 미국인의 생각 방식이 다르기 때문에 색상 표현도 다를 수밖에 없다.

한국식으로 주소를 적는다면? 국가-도시-동네-집 순으로, 큰 범위에서 작은 범위로 좁혀 간다.

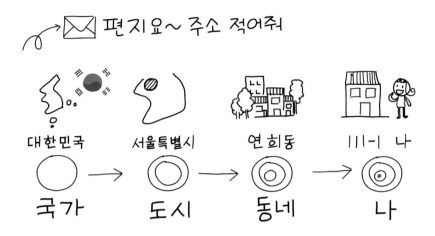

프랑스식으로 주소를 적으면? 프랑스는 한국과 반대로 작은 범위에서 큰 범위로 넓혀 간다. 나라마다 사는 모습도 다르고 말도 다르고 생각하는 방식도 다르다.

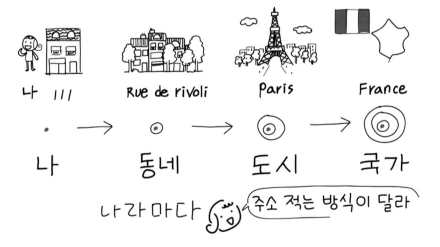

05

Section

이미지로 여러 말을 대신하기

웃으며 말하는 "고마워."와 화내며 말하는 "고마워."가 같은 의미일까? 전혀 아니다. 표정에 따라 고맙다는 의미가 다르다. 진심은 표정으로 나오기 때문이다. 말도 표정에 따라 뜻이 달라지듯, 이미지도 상황에 따라 뜻이 달라진다.

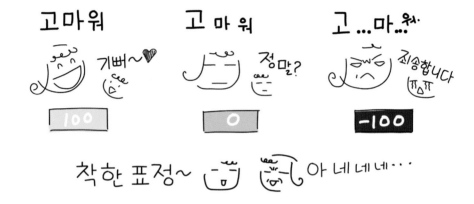

숫자 옆 13과 알파벳 옆 13이 같은 의미로 보이지 않는다. 숫자 옆에 있으면 숫자로 보이고 알파벳 옆에 있으면 알파벳으로 보인다. 주변 정보에 따라 의미가 달라진다.

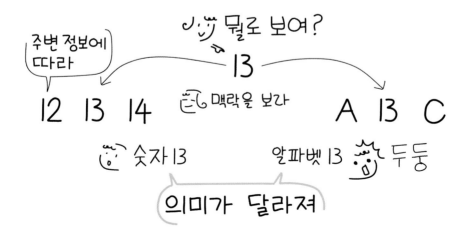

잠긴 자물쇠 그림을 보면 보호, 고정, 닫음 같은 단어가 떠오른다.

열린 자물쇠 그림을 보면 해제, 풀어줌, 열림 같은 단어가 떠오른다.

자물쇠 이미지를 다양한 의미로 해석할 수 있다. 똑같은 이미지라도 상황에 따라 다른 말이 떠오른다.

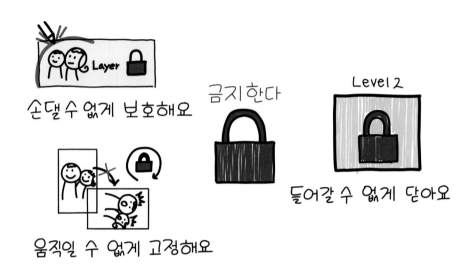

이미지 하나로 많은 말을 대신할 수 있다. 꽤 편하지 않는가?

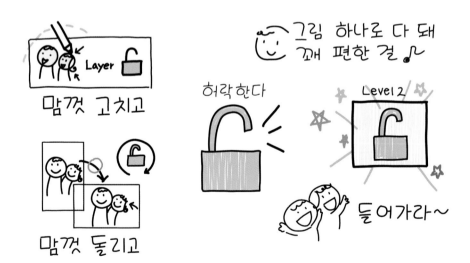

익숙한 정보에 비교하기

사용자에게 종이만 보여 준다면 사용자가 그 크기를 알기 어렵다. 종이는 크기가 다양하기 때문이다. 종이 옆에 연필을 두면 어떨까? 연필 크기에 비교하면 종이 크기를 쉽게 짐작할 수 있다. 연필은 크기가 거의 비슷하기 때문이다.

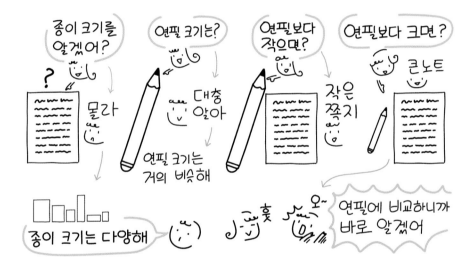

자동차를 장난감 차로 보이게 만드는 마법을 부려볼까? 사람 키와 비교하면 자동차로 보이고 손 크기와 비교하면 장난감 차로 보인다. 정보를 무엇과 비교하느냐에 따라 느껴지는 크기가 달라진다.

카메라가 가로 50mm, 세로 80mm 크기라는 설명과 손바닥 안에 쏙 들어가는 크기라는 설명 중에 카메라의 작은 크기가 확 느껴지는 설명은 무엇일까? 손을 보면 실물을 보지 않아도 작은 크기를 바로 느낄 수 있다.

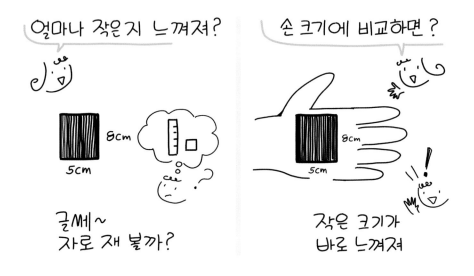

한 번 충전에 400km를 갈 수 있다는 설명보다 한 번 충전에 서울에서 부산을 갈 수 있다는 설명이 더 와닿는다. 서울에서 부산을 차 타고 가며 지루해 했던 기억이 떠오르지 않는가?

표현을 반복해서 규칙 보여 주기

우리 집 강아지는 산책을 너무 좋아해서 산책이란 말만 들으면 기분 좋아 빙글빙글 돈다. 처음엔 왜 그러는지 이해할 수 없었지만 지금은 강아지의 한결같은 행동을 보고 알 수 있게 되었다.

영국에 처음 갔을 때 깜짝 놀랐다. 운전석이 비어있거나 개가 운전석에 앉아 운전하는 것처럼 보였기 때문이다. 하지만 차를 운전하는 사람이 한결같이 조수석에 앉아 있는 모습을 보며, 영국은 한국과 달리 운전석이 왼쪽에 있다는 사실을 알게 되었다. 한결같이 반복되는 모습을 보며 규칙을 배웠다. 그런데 저 차는 왜 개가 왼쪽에 앉아 있는 거지?

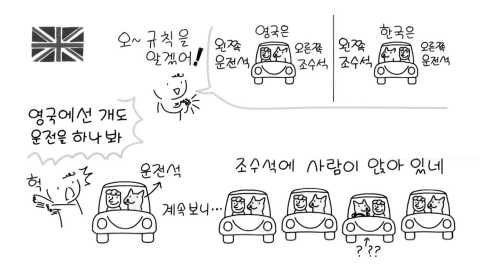

설명이 없어도 아래 그림 속 "?"에 들어갈 도형과 숫자를 알 수 있는 이유는 무엇일까? 사람은 추리 능력과 학습 능력이 뛰어나다. 반복되는 표현을 보면 그냥 안다.

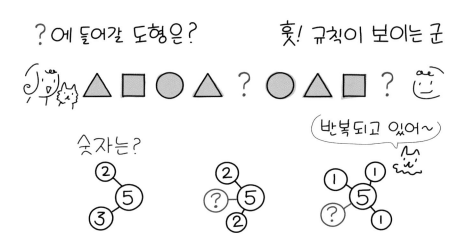

그래서 페이지마다 버튼 모양이 다르면 안 된다. 사용자가 규칙을 알기 힘들어 매번 버튼을 찾아 헤매게 된다. 정보에 집중하기 힘들다. 제발 사용자를 괴롭히지 말자.

페이지마다 버튼 모양과 위치가 한결같으면 사용자는 버튼을 찾아 헤매지 않아도 된다. 정보에만 집중할 수 있다.

버튼마다 색상이 다르면 글과 버튼을 구별하기 어렵다. 글인지 버튼인지 한참 눌러 봐야 알 수 있다. 참 피곤하다. 버튼 색상을 하나로 맞추면 어떨까? 예를 들어 버튼 색상만 파란색으로 하면 어떨까? 파란색만 보면 버튼인지 바로 알 수 있게.

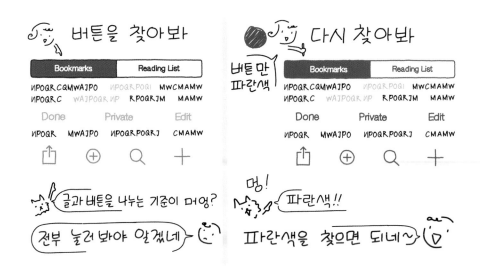

제목과 가격을 보여 주는 앱이다. 그런데 제목과 가격 표현이 제각각이다. 규칙이 없다. 매번 이게 제목인지 가격인지 확인해야 한다. 수십 개를 찾는다면 눈 빠지겠다.

제목과 가격을 표현하는 규칙을 만들었다. 위 아래로 줄 쳐진 글씨체가 제목이고, 두꺼운 글씨체로 된 숫자가 가격이다. 이 표현만 찾으면 빠르게 제목과 가격을 확인할 수 있다.

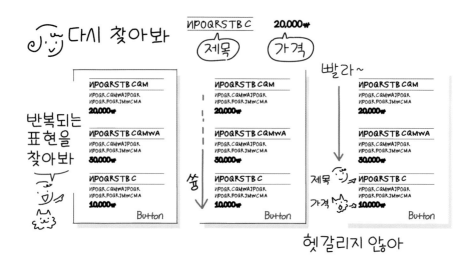

그림을 설명하는 글의 위치가 매번 바뀌면 어떨까? 설명 글이 그림 옆에 있기도 하고 그림 위에 있기도 한다. 설명 글을 찾고 확인하느라 바빠서 내용에 집중할 수 없다.

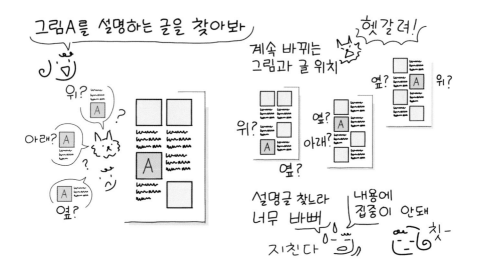

그림을 설명하는 글 위치를 한 곳으로 정하면 어떨까? 설명글을 그림 옆에 두거나 위에 둬서 규칙을 만드는 것이다. 사용자가 매번 설명글을 찾고 확인할 필요가 없게 한다. 이제야 내용에 집중할 수 있게 되었다.

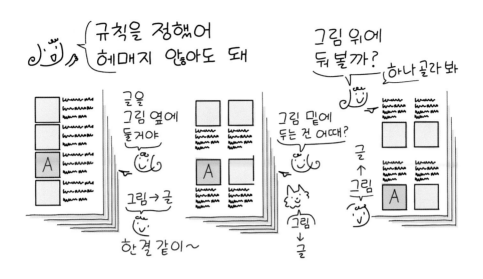

마찬가지로 페이지마다 디자인 스타일이 다르면 안 된다. 페이지를 넘기다 보면 다른 디자인을 보고 있다는 착각이 들 테니까.

글씨체, 바탕색, 색상, 스타일을 하나로 맞춰 디자인해야 한다. 그래야 많은 페이지가 하나로 연결되어 보인다.

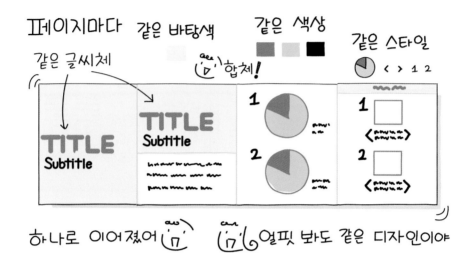

글자 크기, 글씨체, 색상, 스타일, 레이아웃을 하나로 맞춰야 모든 페이지의 느낌이 하나로 이어져서 페이지가 많아도 헷갈리지 않는다. 안정된 느낌이 든다.

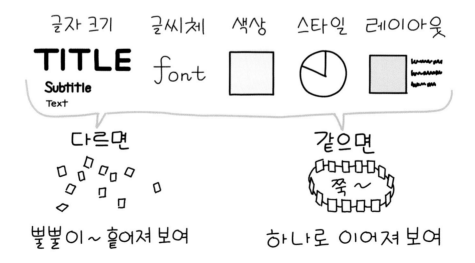

이미지로 움직임을 보여 주기

어느 도형의 단면일까? 머릿속 고성능 시뮬레이터를 돌려보자. 단면만 봐도 도형이 그려지지 않는가?

287

다음 장면에서 동그라미는 어떻게 될까? 물리 법칙에 따라 통통 떨어질 것 같고 데굴데굴 구를 것 같다. 우리의 상상력은 뛰어나다. 상상력을 자극하면 간단한 선만으로도 많은 움직임을 표현할 수 있다.

선과 화살선 모양만으로 움직임과 무게, 속도, 방향을 표현할 수 있다. 화살선을 보면 버스는 묵직한 느낌으로 달릴 것 같고, 스포츠카는 날 듯이 달릴 것 같고, 킥보드는 졸졸 달릴 것 같다.

간단한 선과 도형으로 화면 터치 방법을 설명할 수 있지 않을까? 터치 움직임이 상상이 되지 않는가?

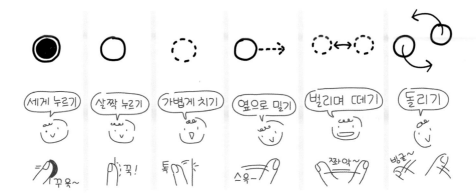

선과 도형으로 관계 표현하기

선과 도형으로 정보와 정보의 관계를 표현한다. 선은 인연의 끈과 같다. 점선은 과거나 미래의 관계를 표현하고, 실선은 현재 관계를 표현한다. 선 밑에 무슨 관계인지 설명하면 더 좋다. 관계의 깊이는 선 두께로 표현한다. 선이 두꺼울수록 더 깊은 관계다.

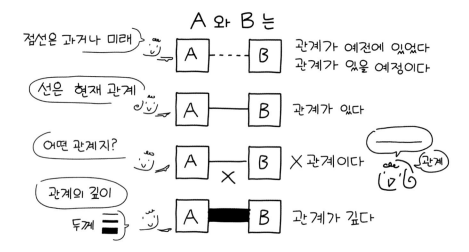

화살선으로 주고받는 관계 혹은 오고 가는 관계를 표현한다. 점선으로 된 화살선으로 예전에 준 적이 있다는 표현 혹은 앞으로 줄 예정이라는 표현을 한다. 실선으로 된 화살선으로 지금 주고받는 관계라는 표현을 한다. 주고받는 양은 화살선 두께로 표현하면 좋다. 화살선에 무엇을 주고받는지 얼마만큼인지 적어주면 더 좋다.

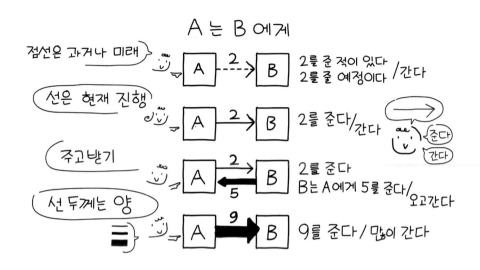

A 는 B 에게

점선은 과거나 미래 : A ⇢2→ B : 2를 준 적이 있다 / 간다
2를 줄 예정이다 / 간다

선은 현재 진행 : A —2→ B : 2를 준다 / 간다 — 준다 / 간다

주고받기 : A ⇄2/5 B : 2를 준다
B는 A에게 5를 준다 / 오고간다

선 두께는 양 : A ⟹9⟹ B : 9를 준다 / 많이 간다

순환 관계를 표현하자. 정보를 둥글게 표현하면 어떨까? 빙글빙글 도는 순환 관계니까 빙글빙글 도는 느낌으로 표현하는 것이 좋다.

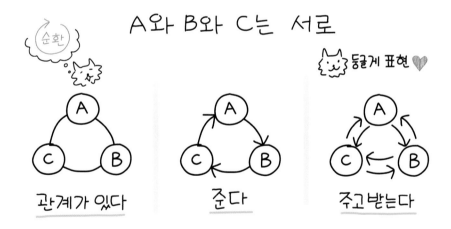

A와 B와 C는 서로

순환 · 둥글게 표현 ♥

관계가 있다 · 준다 · 주고받는다

복잡한 정보들의 관계를 말로만 설명하려면 정말 힘들 것이다. 하지만 그림과 함께라면 좀 더 쉽게 설명할 수 있다. 아래 그림을 읽고 정보들의 관계를 이해해 보자.

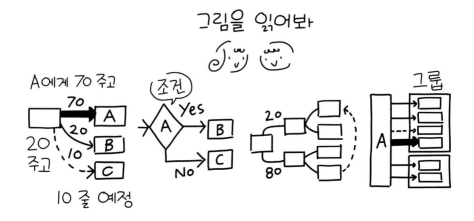

진행 절차 표현하기

진행 절차는 삼각형, 오각형, 화살 모양 도형으로 표현한다. 화살선으로 표현하면 주고받는 관계 표현과 구별이 안 되기 때문이다. 주고받는 관계 표현과 진행 절차 표현은 달라야 한다.

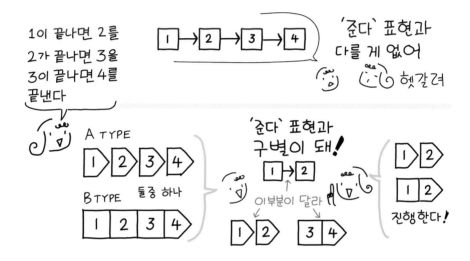

진행 과정 중에 세부 절차는 따로 떼어 묶어준다. 큰 절차와 세부 절차의 구분이 없으면 너무 절차가 많아 보여 복잡하다. 포함 관계를 표현하면, 좀 더 쉽게 진행 과정을 이해할 수 있다.

293

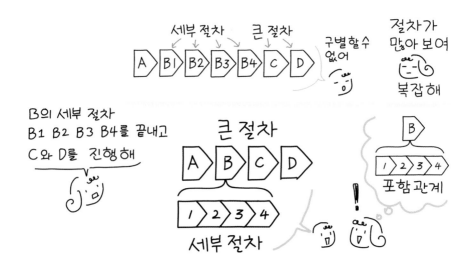

매트릭스 표는 일정을 표현하기 좋다. 일정을 프로젝트별로 정리하면 큰일 날 수 있다. 가끔 프로젝트 일정이 겹치기 때문이다. 꼼꼼히 확인하지 않으면 알 수 없다. 매트릭스 표로 정리하면 겹치는 일정도 한눈에 확인할 수 있다.

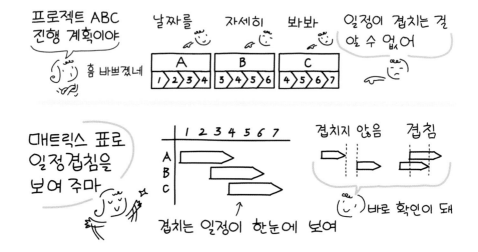

표로 데이터를 분류하고 정리하기

많은 데이터를 한눈에 비교하기 쉽게 하는 방법은 표로 정리하는 것이다. 불필요한 말은 없애고 깔끔하게 데이터만 남겨 보여 주자. 정보가 너무 많으면 기억에 남지 않는다.

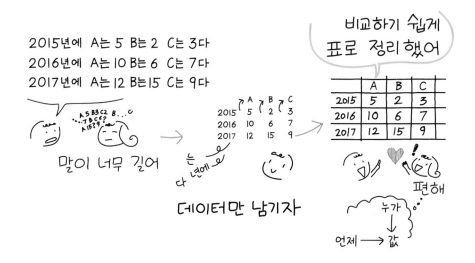

295

표의 경계선은 가는 게 좋다. 굵은 경계선은 눈길이 지나는 것을 방해한다. 마치 높은 벽으로 막은 듯하다. 경계선을 가늘게 하면 눈길이 칸을 넘나들기 쉽다. 여러 데이터를 비교하기 편하다.

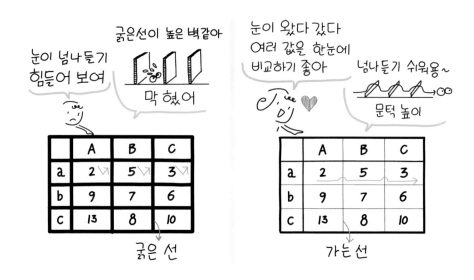

마치 튼튼한 벽에 물건을 기대어 쌓아 두듯, 데이터를 한쪽 끝으로 정렬해 줄을 맞추자. 안정된 느낌이 들어 좋다.

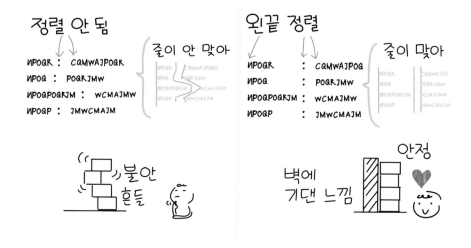

표의 데이터도 정렬해 줄을 맞추는 것이 좋다. 줄이 맞지 않으면 비뚤배뚤해 보인다. 마치 불안정한 다리 위를 걷는 듯하다. 반듯하게 줄을 맞추면 왠지 튼튼한 다리 위를 걷는 듯한 안정된 느낌을 준다.

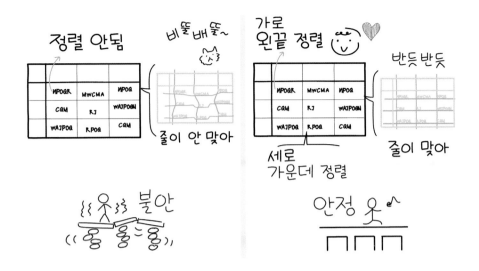

표의 칸 경계선은 눈이 지나는 길이다. 눈은 선을 따라간다. 표에 가로선만 있으면 눈이 좌우로 다니기 편하다. 세로선만 있으면 눈이 위아래로 다니기 편하다. 선이 없다면 이쪽저쪽으로 움직이기 편하다. 사용자가 비교하기 바라는 방향으로만 선을 그어주는 것도 좋다.

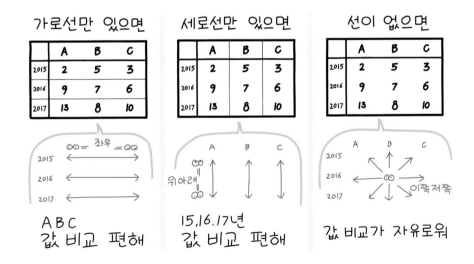

가장 중요한 부분에만 색을 칠해 강조하는 것이 좋다. 제목이 중요하면 제목에만, 데이터가 중요하면 데이터에만, A정보가 중요하면 A정보에만 색을 칠해 강조한다. 한 번에 하나만 강조하기 법칙을 잊지 말길 바란다.

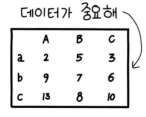
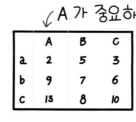
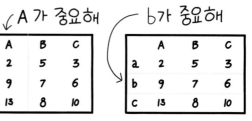

강조하고 싶은 곳에

색을 칠해줘

제목이 중요해

	A	B	C
a	2	5	3
b	9	7	6
c	13	8	10

데이터가 중요해

A가 중요해

b가 중요해

	A	B	C
a	2	5	3
b	9	7	6
c	13	8	10

표에 사용하면 좋은 색상은? 강렬한 색이나 형광색이나 너무 어두운 색은 피하자. 순한 색이나 밝은 색처럼 눈을 편안하게 하는 색상이 좋다. 데이터를 오래 보고 있어도 눈이 아프지 않게 한다. 사용자의 눈은 소중하니까.

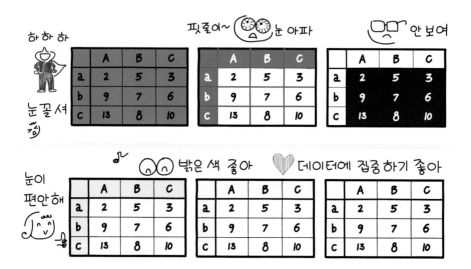

그래프로 차이를 비교하기

값 차이를 비교하는 정보는 표보다 그래프로 표현하는 게 좋다. 표는 값을 한눈에 보여 주지만 값 차이까지 보여 주지 못 한다. 사용자가 일일이 계산해야 한다. 막대 그래프로 값을 비교한다면 막대 크기 차이로 값 차이를 한눈에 느낄 수 있다. 계산하는 속도보다 크기, 넓이, 높이 차이를 느끼는 속도가 훨씬 빠르기 때문이다.

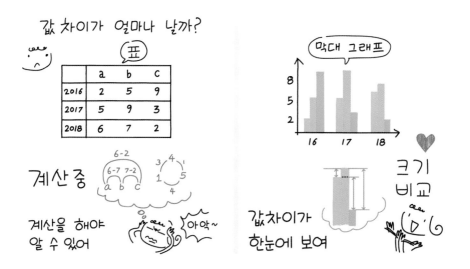

회사 a는 매년 얼마나 성장했을까? a의 성장 변화표를 막대 그래프로 바꿔봤다. 성장 변화가 한눈에 보이지 않는가? 라이벌 회사 b와 비교해 볼까? a와 b의 성장 비교표를 꺾은선 그래프로 바꿔봤다. b가 a보다 좀더 성장했다는 사실이 한눈에 보인다. 그래프를 보니 값 차이가 확실히 느껴진다.

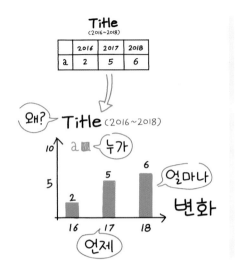

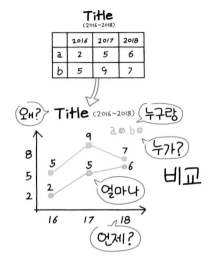

그래프를 그릴 때 주의할 점이 있다. 꺾은선 그래프의 꼭지점 크기를 크게 하면 안 된다. 정확한 값을 알기 힘들다. 막대 그래프의 막대를 화려하게 장식하면 안 된다. 산만해서 집중하기 힘들다. 막대 색상이 너무 밝거나 강렬하거나 반대색 배색이면 안 된다. 그래프를 오래 보기 힘들다. 값을 확인하고 정보에 집중하고 오래 보기 편하게 표현하자.

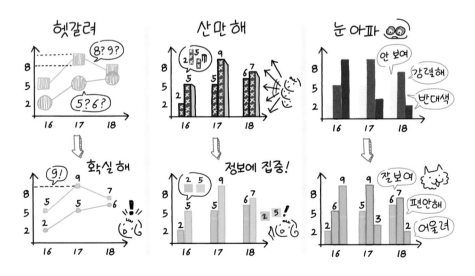

가장 큰 값과 가장 작은 값의 차이가 어마어마하다면, 가장 작은 값을 기준으로 막대를 그려야 한다. 만약 가장 큰 값을 기준으로 그린다면, 작은 값 막대는 너무 짧아 아예 보이지 않기 때문이다. 큰 값 막대가 너무 길다면 중간에 생략 표현을 한다.

A마트와 B마트의 사과 판매량 차이를 보여 주고 싶다. 그래프를 사과 모양으로 그리면 어떨까? 많이 팔렸으면 사과를 크게, 조금 팔렸으면 사과를 작게 그린다. 크기 차이로 수량 차이를 표현한다. 크기로 한눈에 차이를 느낄 수 있게 한다.

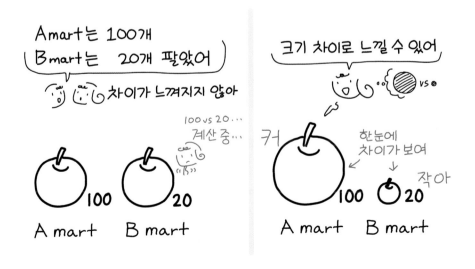

13

비율로 보여 주기

보고서 216장 중에 161장을 끝냈다고 한다면 얼마나 끝냈는지 감이 오는가? 반면에 75% 끝냈다고 한다면, 일을 얼마나 끝냈는지 알기 쉽다. 느낌이 확 온다. 아래와 같이 진행률을 보여주는 그래프를 그려보자.

302

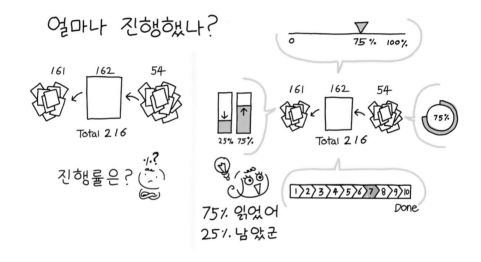

파이 그래프를 그려보자. 12시 방향을 시작으로 시계 방향으로 파이를 나눈다. 파이를 나누는 순서는 이름 순보다는 큰 값에서 작은 값 순이 더 좋다. 만약 a가 5%, b가 75%, c가 20%라면, 이름 순인 a-b-c 순서로 나누지 말고, 값 크기 순인 b-c-a 순서로 나누는 것이 좋다. 파이 조각이 반듯하면 더 보기 좋다.

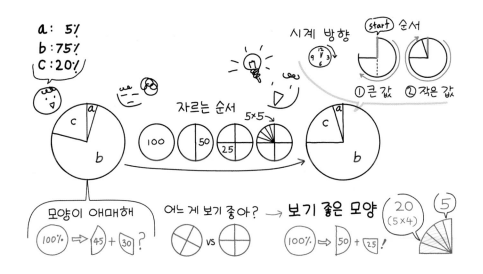

막대 진행 그래프도 왼쪽에서 오른쪽으로 나눈다. 큰 값에서 작은 값 순으로 나누는 게 훨씬 보기 좋다.

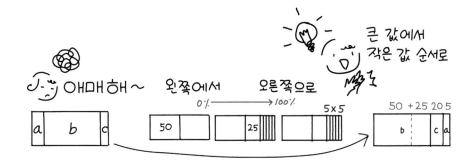

파이 그래프에 눈이 편안한 색상을 배색한다. 색상의 밝기 차이와 맑기 차이를 이용한 배색이 좋다. 파이 그래프에 빨간색과 파란색 녹색을 함께 배색하지 말자. 색상 경계가 입체로 보이는 착시가 생기기 때문이다. 보기 안 좋으니 조심하자.

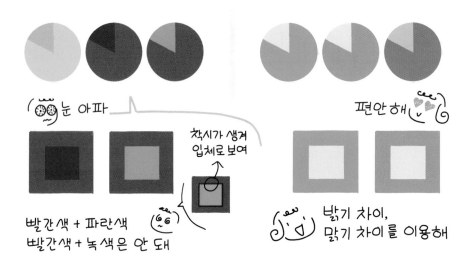

위치를 보여 주기

"쭉 가다 왼쪽으로 돌아서 쭉 가다 오른편에 보이는 첫 번째 골목으로 들어가 쭉 가면 목적지가 나와요." 이 이야기만 듣고 단번에 길을 찾아갈 자신이 있는가? 우리는 단어 파악–분석–연결–기억–이미지 전환–상상의 과정을 거쳐 이미지를 떠올린다. 두뇌가 꽤 많은 일을 해 피곤하다. 지도로 보여주며 이야기하면 어떨까? 사람은 거리를 느끼는 감각, 위치와 움직이는 방향을 아는 감각이 뛰어나니까.

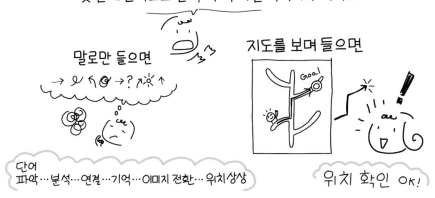

회사 A, B, C의 평가 점수다. 인지도와 혁신성 점수가 둘 다 높은 회사는 어딜까? 헷갈린다. 우리는 점수를 확인하고 회사별로 비교하고 분석하고 판단한 후에야 어느 회사가 두루두루 가장 높은 점수를 받았는지 알 수 있다. 좌표를 그려 위치를 그려보자. 가로 축을 old에서 new로, 세로 축을 low에서 high로 한다. 각 회사 이름을 점수에 맞는 위치에 놓는다. 점수를 계산하는 것보다 위치를 보는 것이 훨씬 빠르지 않는가?

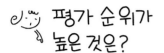

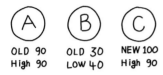

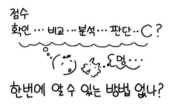

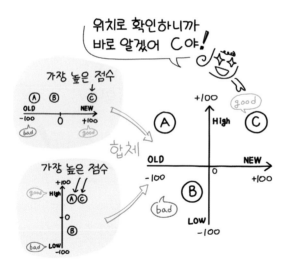

지도는 어떻게 그려야 할까? 첫째, 목적지가 잘 보여야 한다. 다른 건물보다 눈에 띄게 강조한다. 둘째, 지도에 목적지 외에 너무 많은 건물이 보이면 안 된다. 소방서나 은행 같은 주요 건물만 남긴다. 셋째, 길 크기가 똑같으면 안 된다. 큰길은 크게, 작은 길은 작게 그려야 한다. 만약 철길이라면 철도를 그려야 한다. 넷째, 도로 진행 방향도 넣어주면 좋다.

① 목적지가 잘 안 보여

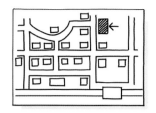

② 정보가 너무 많아

③ 큰길 작은 길 철길 구별이 안돼

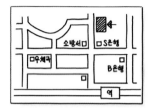

④ 목적지 강조 OK!
꼭 필요한 정보만 표시 OK!
큰길과 작은 길 철길 표현 OK!
도로 진행 방향 표시 OK!

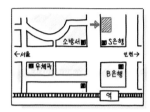

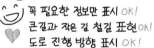

307

CHAPTER 2

착시를
이용한다

두뇌는 착각의 왕

Section 01

눈은 빛 신호를 전기 신호로 바꿔 두뇌로 보내고 두뇌는 전기 신호를 영상으로 바꾼다. 두뇌는 전기 신호를 분석하며, 불필요한 부분은 지우고 빈 곳은 메우며 영상을 예쁘게 꾸민다. 예를 들어 우리가 사물을 볼 때 눈에 있는 실핏줄이 만든 그림자도 함께 본다. 그 때 두뇌는 실핏줄 그림자를 전부 지우고 그 빈 자리를 메운다. 두뇌의 이미지 편집 능력이 없다면 우리가 보는 세상은 온통 거미줄투성이일 것이다. 두뇌의 리터칭 능력 덕에 세상이 좀 더 아름다워 보인다. 거울에 비친 내 모습이 멋져 보이는가? 눈에 보이는 게 전부 진실은 아니다. 두뇌가 잘못된 것을 싹 다 바꾸었을 수도 있다.

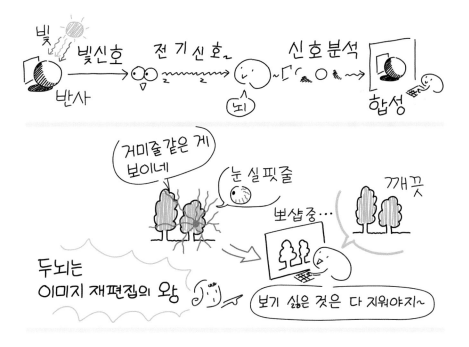

눈은 두뇌에게 정보의 80%를 전달하는 귀중한 존재지만 두뇌는 눈을 완전히 믿지 않는다. 눈이 보낸 정보를 자기 나름대로 해석한다. 눈은 아래 도형을 꺾쇠 모양 세 개와 피자 조각 네 개로 보고, 그 정보를 두뇌에게 보낸다. 그런데 두뇌는 동그라미 네 개 위에 외곽선만 그린 삼각형을 올리고, 하얀색 사각형을 포개 놓았다고 해석해 버린다. 이런 현상을 '착시'라 부른다.

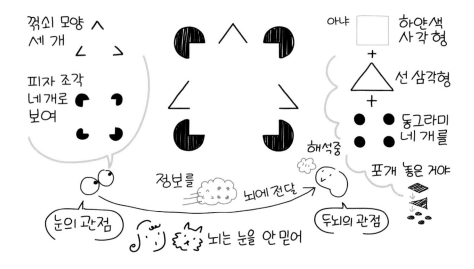

두 화살선의 선 길이는 같다. 하지만 길이가 다르게 보이는 착시가 생긴다. 두뇌가 화살표 꺾쇠 부분을 그리다만 삼각형으로 보기 때문이다. 두뇌가 멋대로 가상 삼각형을 그린다.

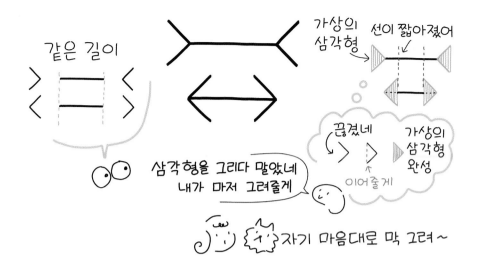

지워진 부분을 상상으로 완성시키는 두뇌의 자동 완성 기능 덕분에 끊어진 선이 이어져 온전한 모양으로 보인다. 짧은 선들 속에 가상의 긴 선이 보이고, 가상의 사각형, 가상의 삼각형, 가상의 동그라미, 가상의 S자가 보인다. 분명 그림 속에는 없지만 있는 것처럼 느껴진다.

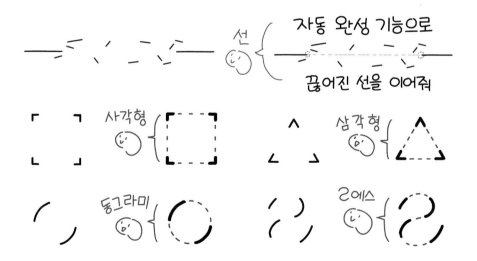

사람은 있는 것을 못 보기도 하고 없는 것을 보기도 한다. 가끔 어머니가 싱크대에 있는 이렇게 저렇게 생긴 그릇을 가져 오라고 시킬 때가 있다. 아무리 찾아봐도 그런 그릇이 전혀 보이지 않는다. 짜증이 나서 달려오신 어머니가 "이게 안 보여?" 하는 순간 뿅! 하고 그 그릇이 보인다. 분명 없었는데…. 아무리 찾아도 보이지 않던 물건이 항상 있던 자리에 그대로 있던 적도 있다. 귀신이 곡할 노릇이다.

두뇌가 보고 싶은 것만 선택 집중해서 보는 이유는 정보 처리 과부하를 막기 위해서다. 두뇌는 초당 수백만 개의 정보를 오감으로 인식하기 때문에 정말 바쁘다. 그래서 영리한 두뇌는 경험을 중심으로 정보를 패키지로 묶어 처리한다. 만약 모든 정보를 인식한다면 머리에 냉각팬을 달고 다녀야 할 것이다.

두뇌는 특별한 정보만 인식하고 나머지 정보는 패키지로 묶어 무의식으로 넘긴다. 그 처리 속도가 너무 빨라 가끔 오류가 일어난다. 있지도 않은 게 보이거나, 있는 게 안 보이거나, 실제와 다르게 보이는 착시가 생긴다.

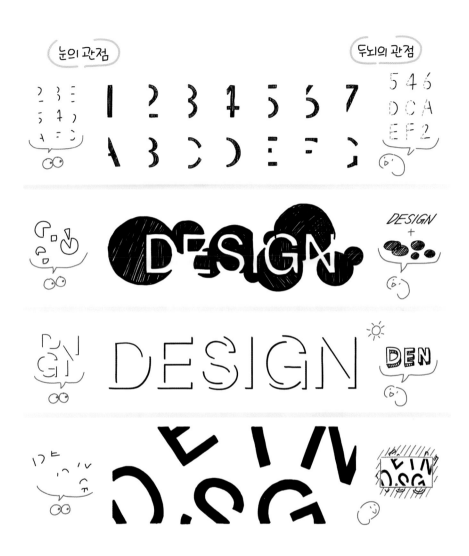

착시 효과를 이용한 표현이다. 눈의 관점에서는 선과 도형 몇 개로 보이지만, 두뇌의 관점에서는 하얀색 종이가 숫자와 알파벳을 절반 정도 가린 것처럼 보인다. 또 검은색 동그라미들 위에 놓인 하얀색 글자로, 그림자 진 두꺼운 하얀색 아크릴 글자로, 창 밖으로 보이는 글자로 보인다. 두뇌의 착시 효과를 이용해 독특한 표현을 만들어 보자.

화면을 창문이라 착각

사각형 화면은 창문과 닮았다. 사각형 창문 틀 너머에 넓은 세상이 있을 것 같다. 물방울 무늬 그림이 어떻게 보이는가? 분명 평면 그림이지만 창문 밖 넓은 세상에 공들이 떠 있는 것처럼 느껴진다.

두뇌는 화면 속 캐릭터를 보며 어떤 생각을 할까? 귀여운 녀석들이 창 밖에서 나를 보고 있구나 생각한다. 두뇌의 자동 완성 기능이 만드는 즐거운 상상을 즐겨보자.

두뇌의 자동 완성 기능이
만드는 즐거운 상상

창 밖 넓은 세상

두뇌의 자동 완성 기능은 화면 너머에 넓은 공간이 있다고 생각한다. 화면은 세상을 보는 창이라고 생각한다. 화면이 작아서 정보가 일부만 보일 때, 두뇌는 창이 작아서 정보가 가려졌다고 생각한다. 창 밖 세상에 못 본 정보가 더 있다고 생각한다.

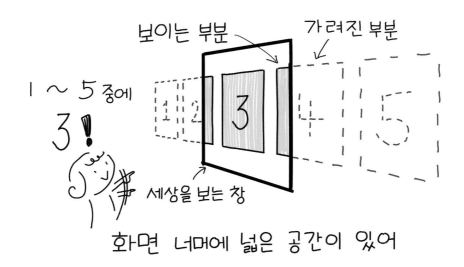

보이는 부분

가려진 부분

1 ~ 5 중에

3!

세상을 보는 창

화면 너머에 넓은 공간이 있어

사용자는 화면 밖에 정보가 더 있는지 알기 어렵다. 정보를 화면 끝에 반쯤 가려 보여 주자. 화면 끝에 가려진 정보가 있다면 화면 밖에 정보가 더 있다는 뜻이고, 가려진 정보가 없다면 화면 밖에 더 이상 정보가 없다는 뜻이다.

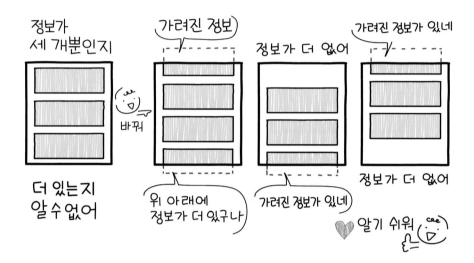

03
Section

평면 이미지를
입체 이미지로 착각

눈의 관점에서는 큰 공과 작은 공을 그린 평면 그림이지만, 두뇌의 관점에서는 가까이에 있는
공과 멀리에 있는 공을 그린 입체 그림이다. 두뇌는 공이 크고 작은 게 아니라 똑같은 크기의
공이 가까이에 있어 커 보이고, 멀리에 있어 작아 보인다고 생각한다. 화면을 넓고 깊은 세상
을 보는 창문이라 여기기 때문이다.

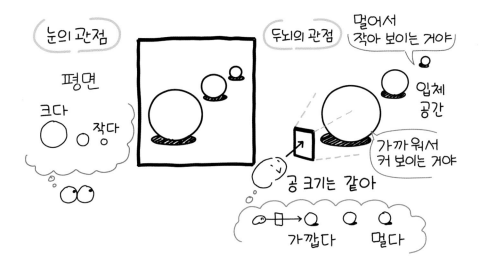

가로수 길을 정면에서 보면 가로수 크기가 전부 똑같아 보인다. 한쪽 끝에서 다른 쪽 끝을 바
라보면 가로수가 멀어질수록 점점 작아지는 것처럼 보인다. 깊이감이 느껴진다. 가로수가 작
아지다가 길 끝과 만나는 모양이 마치 길게 늘린 삼각형 같다.

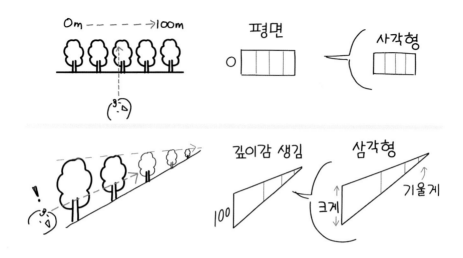

사각형을 정면에서 바라보면 평면으로 보이고, 옆에서 바라보면 깊이감이 생기며 입체로 보인다. 멀리 있는 면은 작아 보이기 때문에 사각형이 사다리꼴 모양으로 보인다. 사다리꼴의 기울어진 두 선을 쭉 그으면 한 점에서 만난다. 선이 만나 사라져서 '소실점'이라고 한다. 소실점은 관찰자가 눈높이에서 바라보는 곳이다.

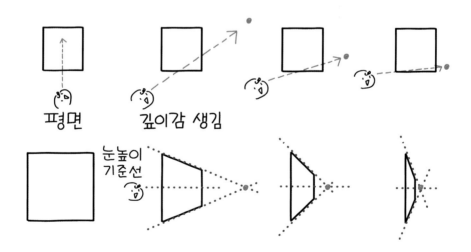

입체 사각 상자를 그려보자. 소실점을 찍고 마주보는 위치에 또 다른 소실점을 찍는다. 소실점 하나 당 두 개씩 기울어진 선을 쭉 그으면 마름모가 그려진다. 각 소실점에서 나온 두 선이 서로 엇갈리는 위치에 세로선을 긋는다. 각 소실점 근처에도 하나씩 세로선을 긋는다. 그러면 사다리꼴 두 개를 붙여 놓은 모양이 나온다. 마치 옆에서 위에서 아래에서 보는 듯한 입체 사각 상자가 그려졌다. 측면 위 혹은 아래에서 본 입체 사각 상자는 마름모를 세 개 붙여 놓은 모양이다.

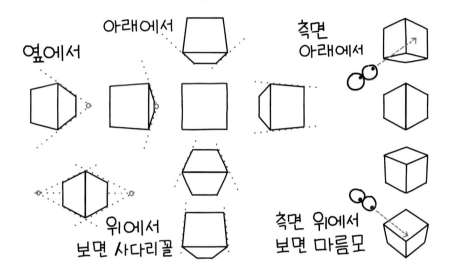

저 멀리에 있는 산이 흐릿해 보인다. 나와 저 산 사이에 있는 두터운 공기층 때문이다. 관찰자에 가까워질수록 선명해 보이고, 관찰자에서 멀어질수록 공기층이 두터워져 희미해 보인다. 가까운 것은 크고 진하게, 먼 것은 작고 희미하게 표현한다.

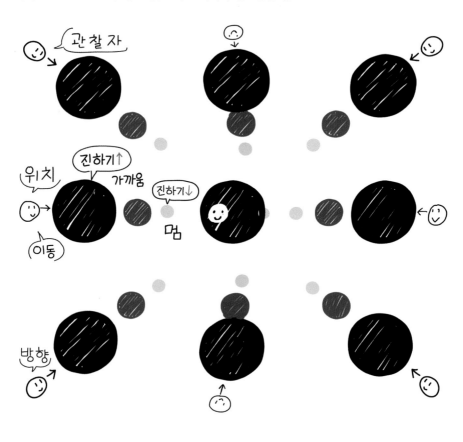

관찰자의 위치와 보는 방향에 따라 나란히 놓인 공들은 어떻게 보일까? 공이 소실점을 향해 작아지는 모습을 도형으로 그리면 원뿔 모양 같다. 공간 깊이를 원뿔 길이로 표현하고 관찰자 위치를 원뿔 방향으로 표현한다.

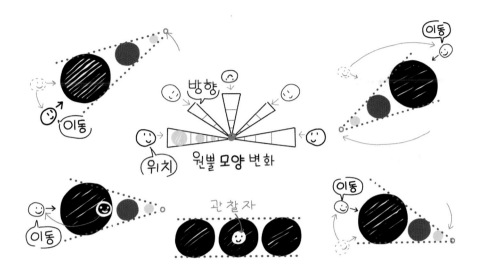

평면 도형을 입체 도형으로 바꾸는 방법은? 빛이 있으면 그림자가 생긴다. 그림자로 사물의 위치와 두께와 모양을 입체적으로 표현할 수 있다.

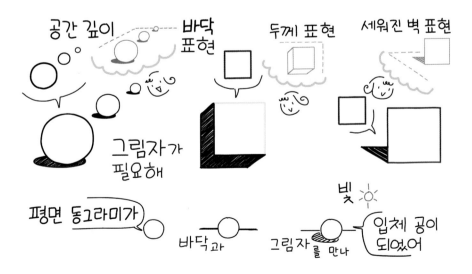

빛 방향과 그림자 방향은 같다. 빛이 공을 오른쪽에서 왼쪽으로 비추면 그림자도 오른쪽에서 왼쪽으로 드리워진다. 그림자 길이는 빛 위치에 따라 달라진다. 빛이 공을 위에서 비추면 그림자 길이가 짧고, 빛이 공을 옆에서 비추면 그림자 길이가 길다.

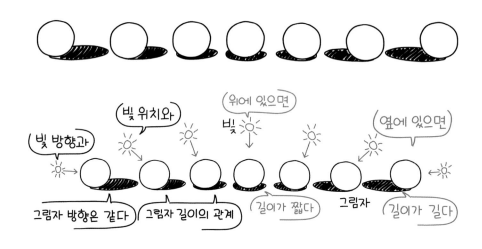

공이 바닥에 가까워질수록 그림자가 커지고, 공이 바닥에서 멀어질수록 그림자가 작아진다. 그림자 크기로 공과 바닥의 간격 차이를 표현할 수 있다.

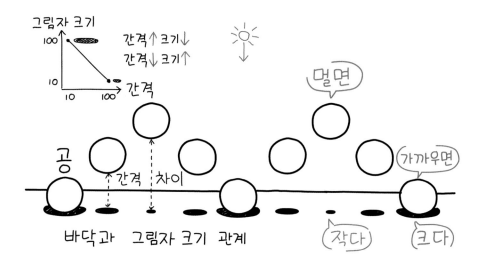

착시 법칙을 이용해 평면 그림을 입체 그림으로 만들어 보자. 물체가 틀을 깨고 나온 표현, 물체들이 겹친 표현, 사각형을 옆에서 본 표현, 빛과 그림자가 생긴 표현, 바닥 위에 물체가 있는 표현으로 입체 이미지를 만들어 보자.

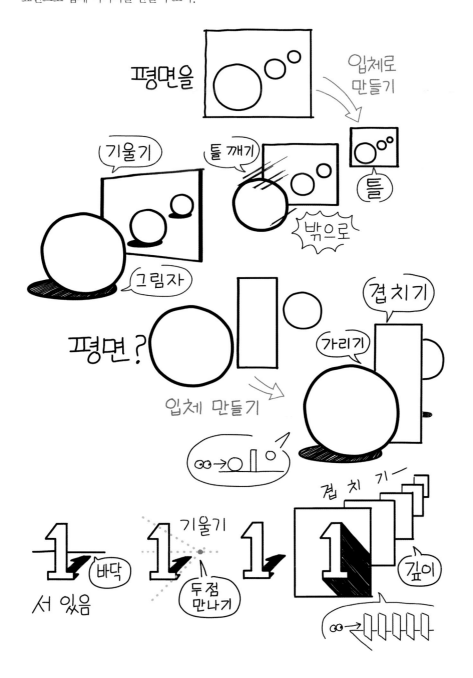

평면 아이콘이 입체 아이콘이 되는 과정이다. 틀 속에 갇힌 캐릭터가 틀을 뚫고 나왔다. 생각의 틀을 깨자.

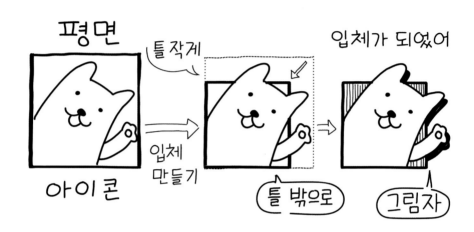

평면 아이콘에 그림자를 넣고, 여러 개의 아이콘을 포개자. 가까이 있는 아이콘은 크고 선명하게, 멀리 있는 아이콘은 작고 희미하게 하자. 입체감이 확 살아나 평면 이미지가 입체 이미지가 될 것이다.

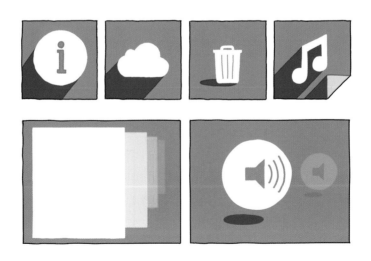

평면 이미지를 입체 이미지로 보이게 하는 착시 법칙을 정리해 보자.

첫째는 물체들 간의 크기 차이다. 큰 것은 가까워 보이고, 작은 것은 멀어 보인다. 둘째는 물체들이 모여 이룬 모양이다. 사각형에 가까우면 평면으로 보이고, 삼각형에 가까우면 입체로 보인다. 셋째는 물체들 간의 선명함 차이다. 선명한 것은 가까워 보이고, 희미한 것은 멀어 보인다. 넷째는 물체들이 겹쳐진 간격이다. 간격이 좁으면 가까워 보이고, 간격이 넓으면 멀어 보인다. 다섯째는 물체와 빛과 그림자의 관계다. 물체와 그림자가 붙어 있으면 물체가 바닥에 붙어 보이고, 물체와 그림자가 떨어져 있으면 물체가 공중에 떠 보인다. 그림자 색상이 진하면 가까워 보이고, 연하면 멀어 보인다. 특히 그림자는 물체의 입체감을 살리는 중요한 역할을 한다.

화면을 얼굴로 착각

어려운 이론도 귀여운 캐릭터가 이야기해 주면 덜 어렵고 덜 지루할 것 같다.

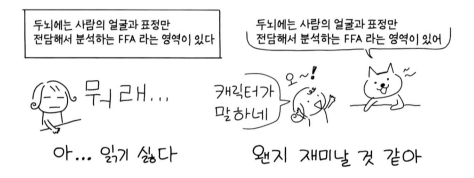

326

동그라미와 네모는 도형일 뿐이다. 아무 개성이 없다. 각 도형에 점 두 개와 역삼각형 하나를 그리니 얼굴이 되었다. 단순한 도형이 나를 보며 웃는 귀여운 캐릭터가 되었다.

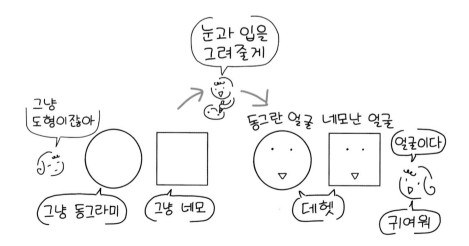

두뇌가 얼굴을 인식하는 속도는 도형을 인식하는 속도보다 훨씬 빠르다. 두뇌가 얼굴은 FFA 라는 영역을 통해 단번에 인식하지만, 도형은 여러 단계를 거쳐 인식하기 때문이다. FFA (Fusiform face area)는 사랑, 기쁨, 슬픔, 두려움, 화남 등 감정을 담당하는 편도체 근처에 있는 영역이다. 사람의 얼굴과 표정을 분석해 편도체의 감정과 연결하는 역할을 한다.

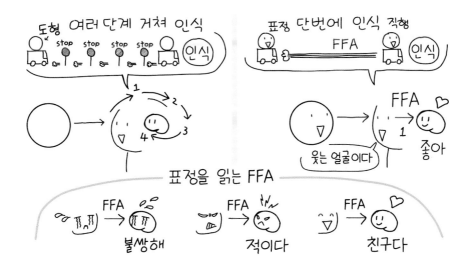

사람은 무엇에서든 얼굴과 비슷한 모양이 있으면 무조건 반응한다. 표정을 분석해 그와 관련된 감정을 느낀다. 상대방이 나를 보고 웃으면 기분이 좋아져 호감이 생긴다. 사람을 처음 봤을 때 좋아하는 사람과 닮았으면 기분이 좋고 싫어하는 사람과 닮았으면 기분이 나쁘다. 주는 것 없이 미운 사람도 있고 무서운 사람도 있는데 그 얼굴과 연결된 감정이 떠오르기 때문이다.

화면은 사각형 얼굴과 같다. 내용은 눈, 코, 입과 같다. 그래서 화면 위아래 양 옆에 빈 공간을 둬야 한다. 이마 턱 뺨 없이 눈 코 입으로 꽉 찬 얼굴은 이상하지 않을까?

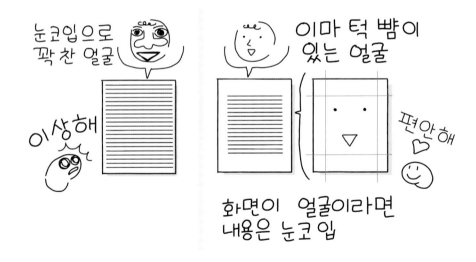

중요 정보는 눈 위치에 두면 좋다. 우리는 대화할 때 자연스럽게 눈을 보기 때문이다. 정수리나 턱을 보며 대화하면 이상하지 않을까?

기본 도형으로 결합한 그림

그림 속에 기본 도형이 숨어있다. 복잡한 모양의 그림을 잘게 쪼개면 기본 도형인 사각형 원형 삼각형이 보인다.

330

기본 도형을 결합한 그림인데 왠지 읽을 수 있는 글자로 보인다. 글자도 기본 도형의 결합이다.

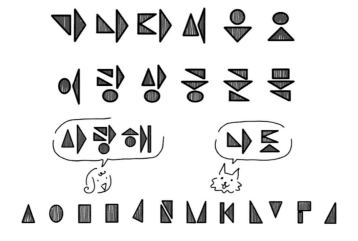

사각형보다 작아 보이는 원형과 삼각형

원형 사이에 있는 동그라미는 원형으로 보이지만, 사각형 사이에 있는 동그라미는 모서리가 없는 사각형으로 보인다. 13이 숫자 사이에 있으면 숫자로 보이고, 알파벳 사이에 있으면 글자로 보이는 원리와 같다. 두뇌는 사각형 사이에 있는 원형을 모서리 부분을 덜 그린 사각형이라 착각한다. 두뇌의 자동 완성 기능 때문이다.

원형과 삼각형을 모서리 부분을 덜 그린 사각형이라 착각하기 때문에, 똑같은 크기의 원형 삼각형 사각형이 나란히 있으면, 원형과 삼각형이 사각형보다 더 작아 보인다. 똑같은 크기로 보이게 하려면, 원형과 삼각형이 사각형보다 4픽셀 정도 더 큰 게 좋다. 원형과 삼각형이 100픽셀일 때 사각형은 96픽셀 정도여야 균형이 맞아 보인다.

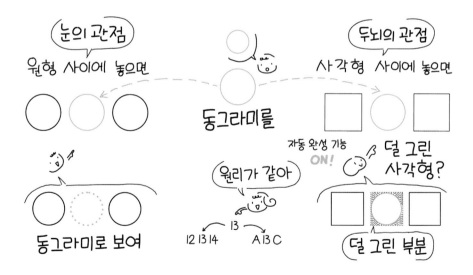

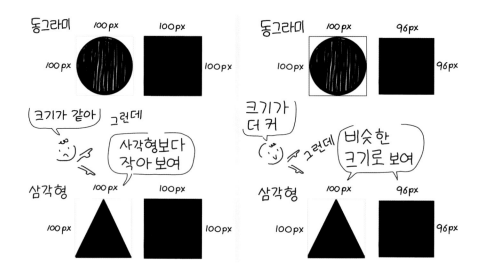

원형 아이콘과 사각형 글상자가 같은 크기라면, 원형 아이콘이 훨씬 작아 보인다. 원형이나 삼각형은 사각형보다 면적이 더 작기 때문이다. 원형 아이콘을 사각형 글상자보다 더 크게 하자. 균형이 맞아 보기 좋다. 두뇌의 착각 때문이지만, 어쩌겠는가. 두뇌에게 맞춰야지.

원형 아이콘이나 삼각형 아이콘은 사각형 글상자보다 커야 한다. 크기 균형을 맞추고 싶다면 원형과 삼각형보다 사각형을 작게 하자.

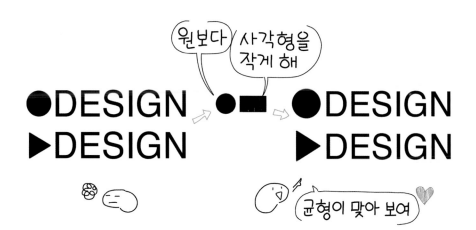

실제와 달라 보이는 간격과 넓이

원형과 삼각형 사각형을 나란히 줄 세워 놓을 때에는 삼각형의 직선 부분이나 사각형의 직선
이 줄을 맞추는 기준선이 된다. 원형과 삼각형은 사각형보다 살짝 더 커야 균형이 맞기 때문
에, 원형의 둥근 부분이나 삼각형의 뾰족한 모서리 부분이 기준선 밖으로 살짝 나와야 줄이 맞
아 보인다.

334

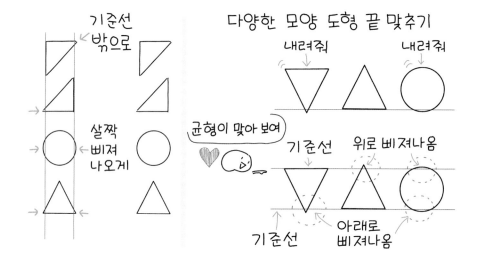

글자도 원형 삼각형 사각형으로 이루어진 도형이다. 원형을 닮은 글자의 둥근 부분이나, 삼각
형을 닮은 글자의 뾰족한 부분이 기준선 밖으로 살짝 나오도록 크기를 조절해야 글자 크기 균
형이 맞아 보인다.

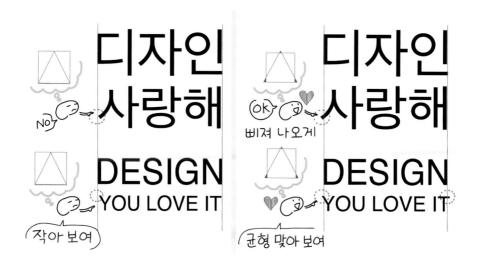

뾰족한 모양이 있는 도형을 줄 맞추는 방법은? 뾰족한 부분을 기준으로 줄을 맞춘다. 뾰족한 부분을 기준선 밖으로 내보낸다. 마치 벽과 바닥에 꼭 박아 두듯이 안정된 느낌을 준다.

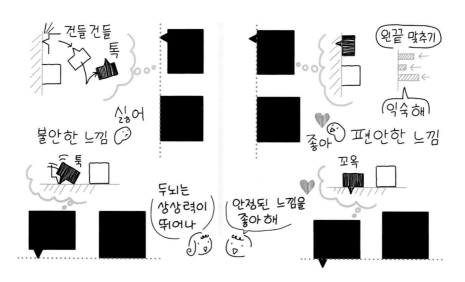

사각형과 삼각형들을 똑같은 간격으로 벌려 놓았다. 도형 끝과 끝의 간격을 똑같이 맞췄다. 그런데 이상하게 사각형들의 간격은 맞아 보이는데, 삼각형들의 간격은 넓어 보인다. 사각형 사이 빈 공간과 삼각형 사이 빈 공간의 넓이가 다르기 때문이다.

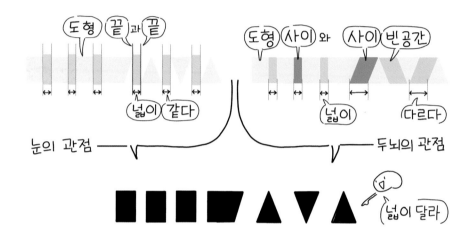

두뇌의 관점에서는 도형과 도형 사이 빈 공간도 도형이다. 두뇌는 도형 끝과 끝 간격이 아닌, 도형과 도형 사이 빈 공간 넓이가 같아야 균형이 맞는다고 생각한다.

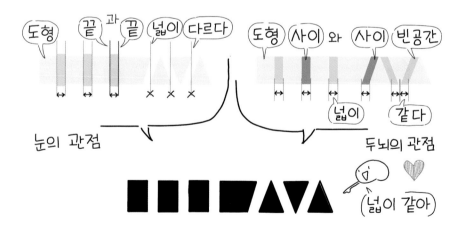

글자도 마찬가지다. 글자 모양을 도형으로 생각해 보자. 사각형과 삼각형의 사이 빈 공간 넓이가 같아야 하듯, 사각형을 닮은 글자와 삼각형을 닮은 글자의 사이 빈 공간 넓이가 같아야 균형이 맞아 보인다.

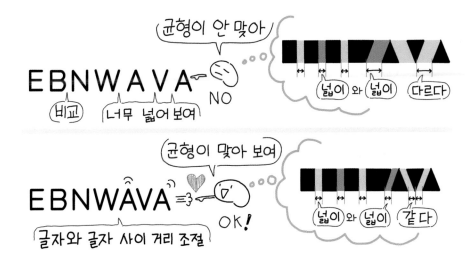

CHAPTER 3

전체 모양을
다듬다

 01
Section

의식이 한 곳에 집중할 때
무의식이 보는 영역

우리가 볼 수 있는 각도는 생각보다 넓다. 초점을 맞춘 부분은 의식이 보는 영역이고, 그 주변은 무의식이 보는 영역이다. 의식이 보는 영역은 좁고, 무의식이 보는 영역은 넓다. 의식이 보는 영역인 초점을 맞춘 부분에 들어오는 정보만 우리는 보고, 읽고, 생각하고, 느끼고, 기억할 수 있다. 무의식이 보는 영역인 주변에 들어오는 정보는 무의식이 알아서 처리해 버리기 때문에 우리가 인지하기 힘들다.

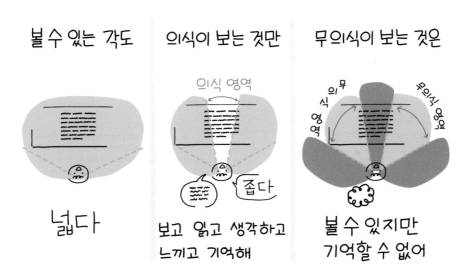

중요한 정보를 읽고 있다. 의식이 정보에 초점을 맞추고 집중한다. 갑자기 초점 바깥인 무의식 영역에 깜박이는 광고가 보인다. 뭔가 깜박이는 게 자꾸 신경 쓰인다. 집중이 깨진다. 깜박이는 것이 무엇인지 확인하기 위해 의식을 돌려 초점을 바꾼다. 깜박이는 광고가 의식 영역에 들어오고, 중요한 정보는 무의식 영역에 들어간다. 그 순간 읽고 있던 중요한 정보는 잊어버리고 깜박이는 광고에 집중하게 된다. 하아, 집중하기 정말 힘들다.

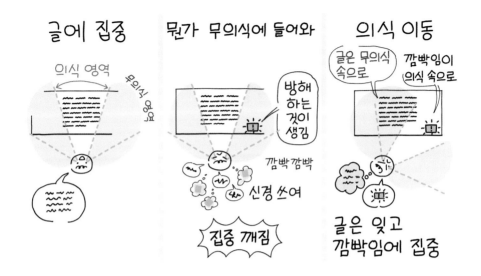

의식이 중요 정보에 집중할 때 무의식은 그 주변 전체를 살핀다.

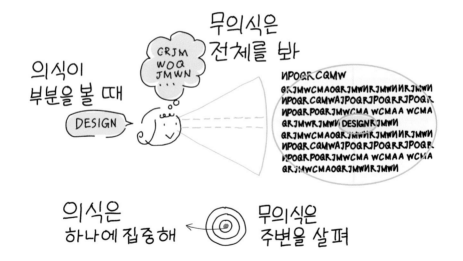

의식이 한 곳에 집중할 때 무의식은 주변에 위험한 것이 없는지 살핀다. 인류의 수렵 채집 시절, 의식이 사과에 정신 팔려 있는 동안 무의식이 주변을 감시하지 않았다면 인류는 살아남지 못했을 것이다.

지하철에서 저 멀리서 다리를 떠는 사람이 신경 쓰이는 이유는 무엇일까? 무의식의 감시 범위는 굉장히 넓다. 주변에 무의식의 관심을 끄는 게 너무 많다. 무의식이 시끄럽게 경고하는 바람에 책 한 장을 집중해서 읽기 힘들다.

아래 그림에서 'H'가 보이기도 하고 'I'가 보이기도 하는 이유는 무엇일까? 의식과 무의식은 단짝이다. 의식이 부분을 보면 무의식은 전체를 보고 의식이 전체를 보면 무의식은 부분을 본다. 어쨌든 우리는 의식이 보는 것만 인식할 수 있다.

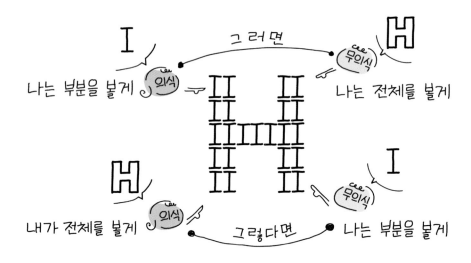

글과 그림을 보는데 역삼각형 구도가 느껴진다. 의식이 글을 읽는 동안 무의식은 글들이 모여 이룬 모양을 보고 있다. 눈을 가늘게 뜨고 전체 모습을 보면 거꾸로 서 있는 삼각형이 보인다.

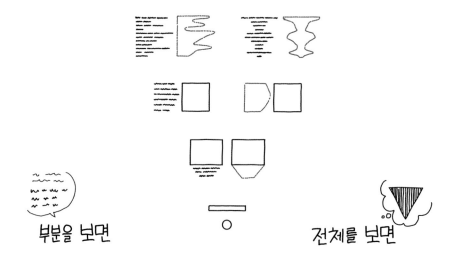

불안감을 싫어하는 무의식

아래 그림을 보면 왜 불안한 느낌이 들까? 다음에 벌어질 일이 상상되기 때문이다. 무의식은 위험해 보이는 것에 예민하게 반응한다.

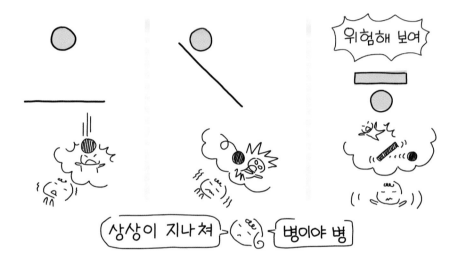

사람은 불안한 환경이 아닌 안정된 환경에서 평온하게 살고 싶어 한다.

잘못 배치된 글상자와 그림을 보면 불안한 느낌이 든다. 글상자와 그림의 크기가 맞지 않으면 무너질 것 같아 불안하다. 글상자와 그림의 크기를 잘 맞춰 놓으면 튼튼해 보여 안심이 된다.

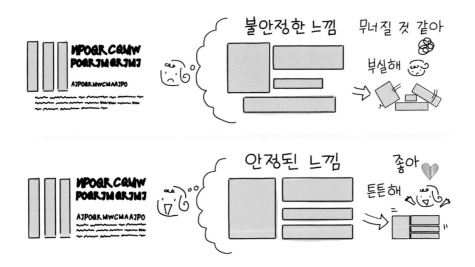

중요한 물건을 담은 상자를 어떻게 쌓을 것인가? 대충 막 무너지게 쌓을 것인가? 글상자와 그림상자도 중요한 정보를 담은 상자다. 안정감 있게 상자를 쌓듯 글상자와 그림상자를 쌓아보자.

글상자와 그림이 모여 어떤 모양을 이루는 게 좋을까? 반듯한 사각 모양일 때 안전한 느낌이 든다. 무의식은 불안한 느낌과 위험한 느낌을 싫어한다.

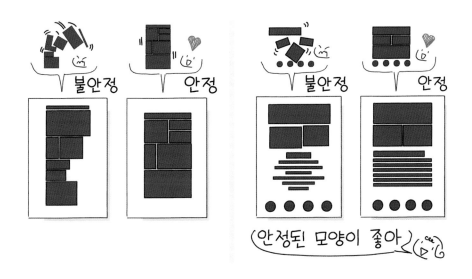

그림과 설명글이 꼭 붙어 보이게 정렬하는 것이 좋다. 글상자와 그림이 합쳐져서 이룬 모양을 확인해 보면 왜 그런지 알 수 있다.

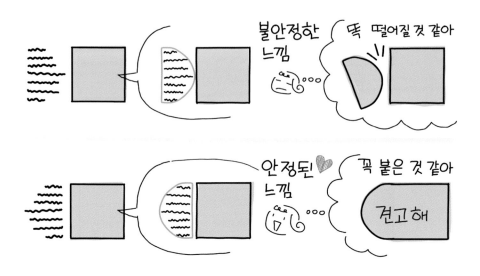

상자 모양이 넘어질 것 같으면 불안한 느낌이 든다.

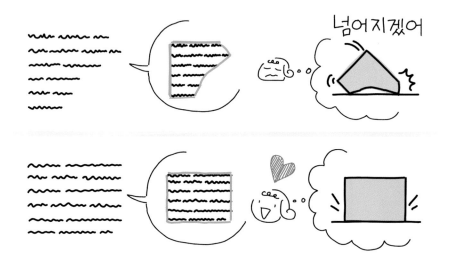

글줄 길이를 조절해 글상자 모양을 다듬어야 한다. 왜냐하면 의식이 글을 읽는 동안 무의식은 글상자 모양을 살피기 때문이다. 무의식이 안심할 수 있게 글상자 모양을 부드럽게 다듬어야 한다.

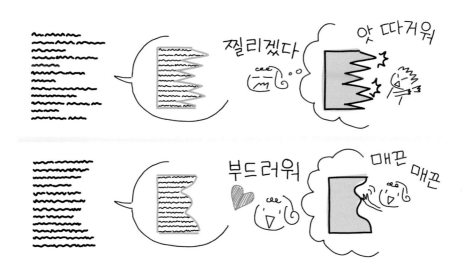

그림이 여백이고 여백이 그림

아래 그림을 보자. 보는 사람에 따라 각기 다른 그림으로 보일 수 있다. 〈루빈의 술잔〉이라는 착시 효과를 이용한 그림이다. 의식이 어느 부분을 보느냐에 따라 그림이 여백이 되고 여백이 그림이 된다.

어느 것이 그림이고 어느 것이 여백일까? 의식이 검은색을 그림으로 보면 하얀색이 여백이 되고, 하얀색을 그림으로 보면 검은색이 여백이 된다.

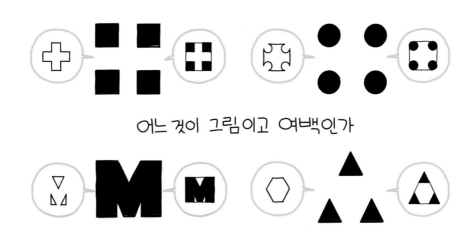

어느 것이 그림이고 여백인가

달걀과 상자를 안전하게 보관하는 방법을 생각해 보자. 튼튼한 틀로 흩어지지 않고 무너지지 않게 꼭 붙들어 준다.

어떤 디자인이 안정되고 단정한 느낌을 줄까? 여백이 튼튼한 틀처럼 보이면 안정되고 단정한 느낌이 든다. 여백 모양을 반듯하게 만들어 글과 그림이 흩어져 보이지 않게 꼭 붙들어 주는 것이 좋다.

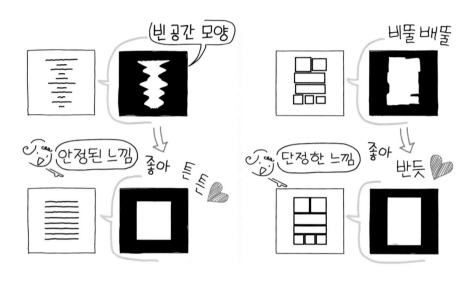

글줄을 양끝 정렬하는 것이 좋다. 여백 모양이 책지지대처럼 보여 안정된 느낌을 준다.

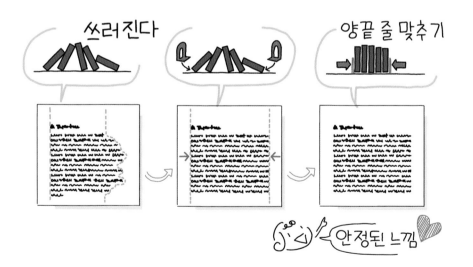

여백을 틀 모양으로 만드는 방법이 있다. 끊어진 선을 이으려는 두뇌의 자동 완성 기능을 기억하자.

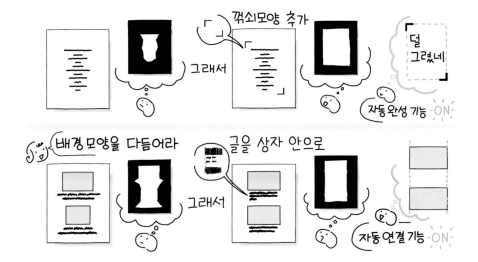

04 길을 따라가는 시선

눈길이 지나는 자리는 무엇일까? 눈을 가늘게 뜨고 보면 큰 것과 진한 것만 보인다. 아래 그림과 같이 눈길이 지나는 자리를 볼 수 있다. 눈길이 지나는 자리가 급하게 꺾이거나 뚝 끊어지지 않게 해야 한다. 원활한 흐름을 만들어야 시원한 느낌이 든다.

눈은 거침없이 달리고 싶어 한다. 눈길을 막지 말아야 시원하게 읽을 수 있다.

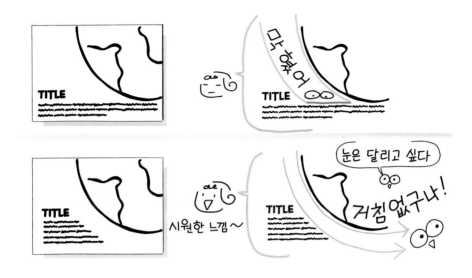

눈길이 지나는 자리가 반듯한지 알 수 있는 방법이 있다. 글상자와 그림 바깥쪽 가장자리를 쭉 연결해 보자. 반듯한 선이 나오는지 살펴본다. 눈길이 쭉쭉 뻗어 나가게 하자.

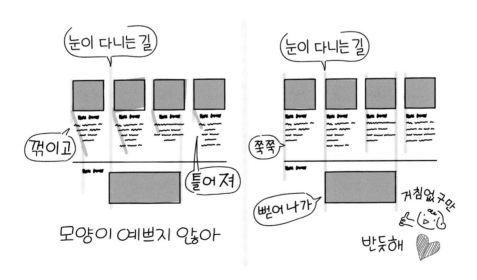

흐름이 좋은 디자인을 만들고 싶다면 눈길이 지나는 자리를 처음부터 끝까지 쭉 연결되게 끝을 맞춰 정렬한다.

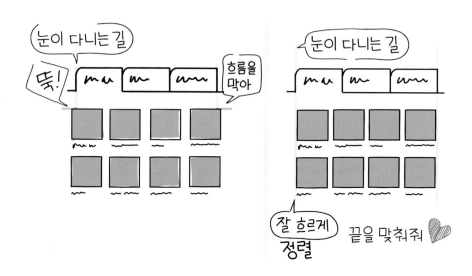

정렬 기준을 세운다. 가장 큰 것, 가장 두꺼운 것, 가장 잘 보이는 것을 기준으로 정렬하면 좋다.

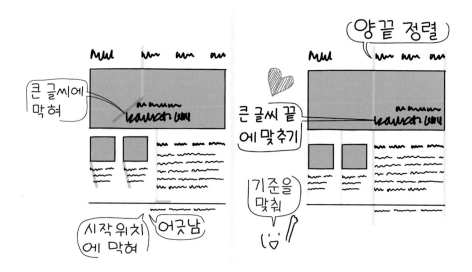

다음 그림처럼 가장 크고 눈에 띄는 것에 선을 맞춘다. 큰 글씨의 제목이 테두리 선보다 눈에
더 띄기 때문에 기준선을 큰 글씨에 맞춰 양끝 정렬을 하는 게 좋다.

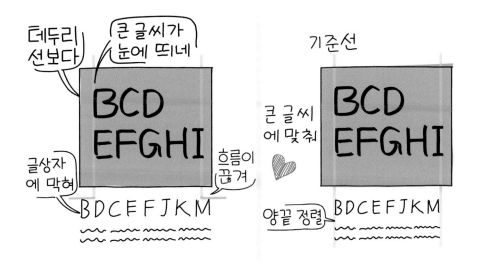

건물이나 나무처럼 눈에 띄는 선에 줄을 맞춘다. 배경이나 테두리보다 이미지가 만드는 선을
기준으로 삼는다.

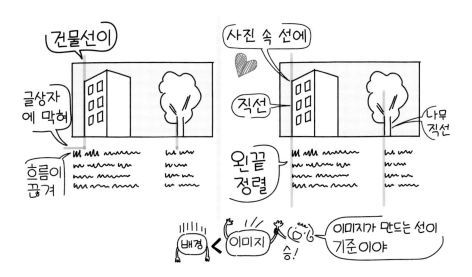

그림과 글을 함께 놓을 때에는 글줄 길이를 조절해서 그림과 비슷한 모양으로 만든다. 그림과 글을 연결해 그림을 완성한다.

여백 단 높이 차이가 많이 나면 흐름이 막힌다. 낮은 여백 단은 높이고 높은 여백 단은 낮춰 평평하게 맞추면 편안한 느낌을 줄 수 있다.

글상자 넓이를 그림 상자 넓이에 맞추는 것이 견고해 보여 보기에 좋다.

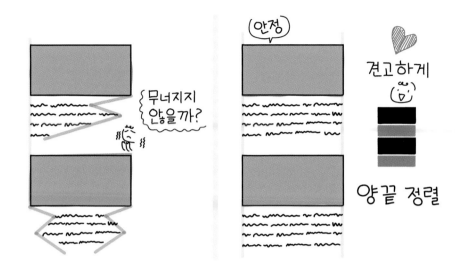

사진을 재편집할 때 사진 속 건물들은 똑바로 세우고 바닥은 수평을 맞추는 것이 좋다.

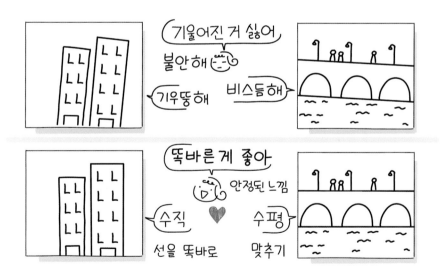

CHAPTER 4

정보를 분류하여
정렬한다

정보에 순서 매기기

동시에 말하면 혼란스럽다. 무슨 말을 하는지 알 수 없다. 순서를 정해 말하면 훨씬 빠르게 의사전달을 할 수 있다.

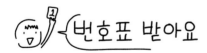

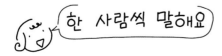

사람들은 아래 그림에서 어디를 먼저 볼까? 얼굴, 눈동자가 향하는 곳, 손가락이나 화살표가
가리키는 곳에 눈길이 먼저 간다.

아무 생각 없이 화면을 쓱 봤을 때, 사람들이 가장 먼저 보는 것을 6위부터 발표하겠다. 6위는
당연히 왼쪽 위에 있는 것이다. 위에서 아래로 본다. 5위는 삼각형으로 된 것이다. 4위는 큰
것이다. 큰 것을 먼저 본 후 삼각형을 보고 위에서 아래로 순서대로 본다.

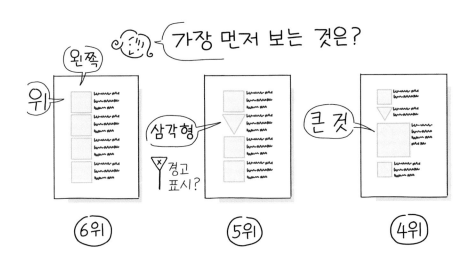

3위는 진한 것이다. 큰 것이 있어도 진한 것에 눈이 먼저 간다. 2위는 빨간색이다. 빨간색이 맨 아래에 있어도 빨간색을 먼저 본다. 대망의 1위는 바로~ 두두둥~ '번호'다. 1234 번호가 매겨 있다면 번호순으로 본다.

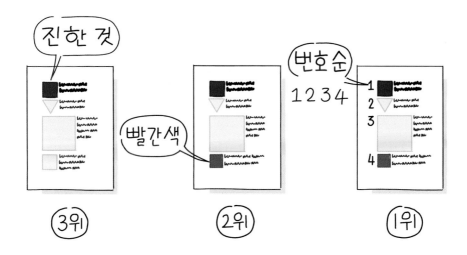

정보를 주제별로 정리하기

주제가 같은 정보들을 하나로 묶는다. 주제별로 나눠 구별한다. 주제가 다르다는 것을 한눈에 알게 하자.

362

정보를 종류별로 분류하지 않으면 어떨까? 뒤죽박죽 섞여 정보를 구별하기 어렵다. 정보를 종류별로 분류하면 원하는 정보를 훨씬 쉽게 찾아 볼 수 있다. 게다가 순서를 정해 정렬한다면 정보를 더욱 빠르게 찾을 수 있다.

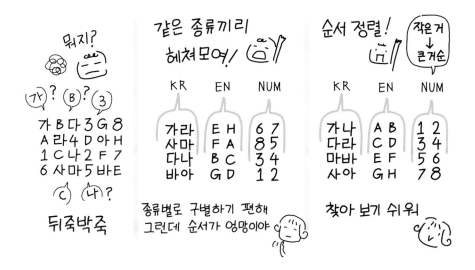

글은 글끼리 그림은 그림끼리 묶어 볼까? 정보 한번 읽고 관련된 그림을 찾아 보고, 눈이 왔다 갔다 하느라 피곤하다. 주제끼리 묶어 볼까? 같은 주제의 글과 그림을 하나로 묶는다. 같은 주제의 글과 그림이 붙어 있어 읽기 편하다. 그러면 A주제 묶음과 B주제 묶음 사이에 간격을 주면 어떨까? 두 묶음의 주제가 다르다는 사실을 금방 이해할 수 있다. 주제별로 구별된다.

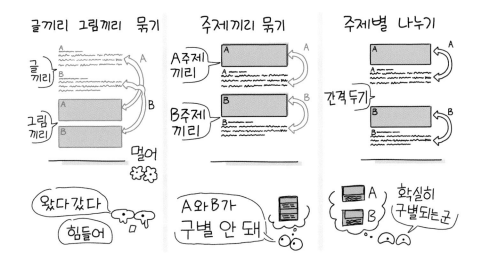

전화번호를 세 네 자리씩 나누는 이유는 뭘까? 아래 그림처럼 핸드폰 뒷자리 번호만 다르다면 외워야 할 번호가 확 줄어들어 편하다. 사람들은 습관적으로 긴 숫자를 '032-6849-5173'식으로 서너 개씩 끊어 읽는다. 전화번호, 택배 송장번호, 계좌번호 등 열 자리가 넘는 숫자는 세 네 개씩 끊어 읽어야 쉽게 기억하고 받아 적을 수 있다. '03268495173'을 단번에 기억하고 받아 적을 자신이 있는가? 사람이 한번에 처리할 수 있는 정보는 겨우 서너 개일 뿐이다.

글과 가격을 줄 맞춰 정렬하면 좋다. 처음 메뉴는 전혀 정렬이 되어 있지 않다. 눈길이 지나는 자리가 구불구불해 복잡해 보인다. 두 번째 메뉴는 왼 끝 맞추기 정렬을 했다. 눈길이 지나는 자리가 반듯하다. 훨씬 보기 좋다. 하지만 6천 원짜리가 몇 개 더 있는지 확인하기 위해 끝까지 읽어야 해서 불편하다.

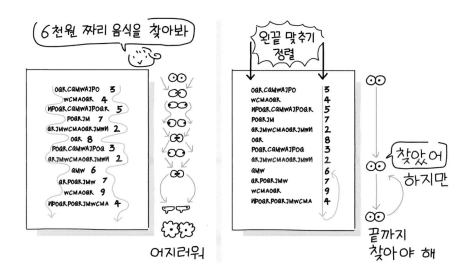

메뉴를 싼 가격에서 비싼 가격순으로 정렬했다. 위에서 아래로 쭉 훑어 내려가니 6천 원이 보인다. 훨씬 찾는 속도가 빨라졌다. 아예 5천 원 이하 메뉴를 하나로 묶고, 6천 원 이상 메뉴를 하나로 묶어 구별되게 하면 어떨까? 6천 원 이상 메뉴 묶음만 보면 된다. 위 아래로 훑어보지 않고 단번에 6천 원 메뉴를 찾았다.

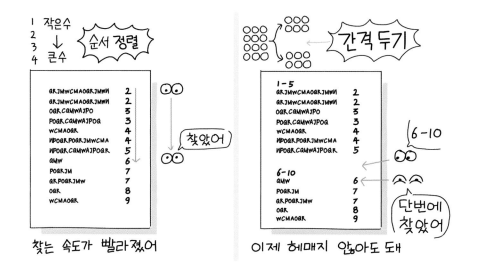

같은 주제는
하나로 뭉쳐 보이게 하기

모양이 다른 것들을, 색상이 다른 것들을, 크기가 다른 것들을 마구 뒤섞어 놨다. 하지만 같은
모양끼리, 같은 색상끼리, 같은 크기끼리 하나로 뭉쳐 보인다. 가까이 붙어 있는 것들은 더욱
하나로 뭉쳐 보인다.

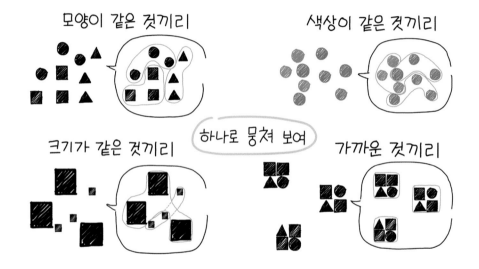

정보 A와 B의 주제는 다르다. 한눈에 구별되게 하는 방법은 무엇일까? 먼저 주제별로 테두리
를 쳐 칸으로 구별되게 하는 방법이 있다. 정보 A와 B의 글자체를 다르게 해 모양으로 구별되
게 하는 방법도 있다.

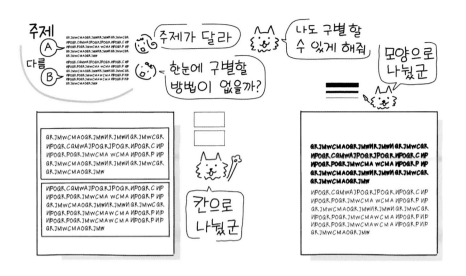

또한, 바탕색을 다르게 해 색상으로 구별되게 하는 방법도 있고, 주제와 주제 사이에 간격을 넓게 두는 간단하고 깔끔한 방법이 있다.

그러나 모든 방법을 한꺼번에 사용하지 말자. 복잡해 보인다. 욕심이 과하면 오히려 디자인을 해친다.

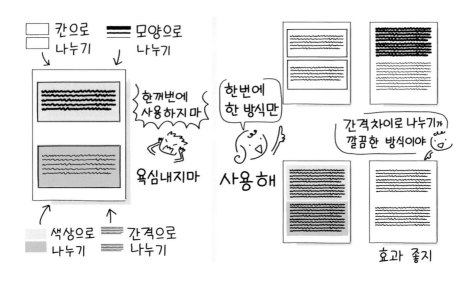

주제가 비슷한 내용이라면 글씨체나 색상이나 간격 차이를 작게 한다. 주제가 완전히 다른 내용이라면 차이를 크게 한다. 잊지 말자. 구별 표현은 한 번에 하나씩이라는 것을.

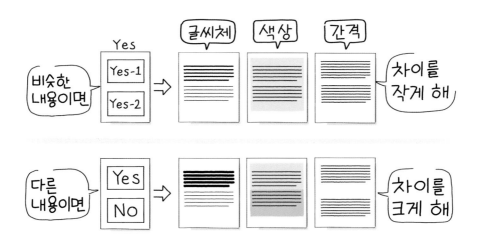

계층 구조를 표현할 때에는 들여쓰기와 간격두기로 표현하면 좋다. 개발자에게 익숙한 방법이다.

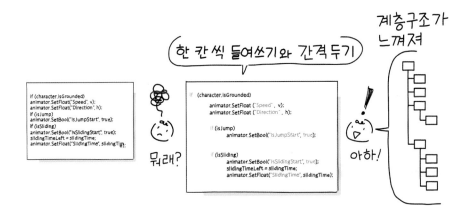

직관적인 디자인이란 내용을 읽기 전에 정보들의 관계를 한눈에 알 수 있는 디자인이다. 관계가 깊은 정보들을 가까이에 둬 하나로 꽁꽁 묶어주는 게 좋다. 꼬옥 붙여주자.

정보를 작게 잘라 나누기

공이 하나, 둘, 셋, 넷, 다섯, 여섯⋯. 아, 까먹었다. 한눈에 공이 몇 개인지 알기 어렵다. 그래서 공을 세기 편하게 세 개씩 묶는다. 묶음 사이에 간격을 둔다. 3×4=12. 공의 개수가 한눈에 느껴지지 않는가?

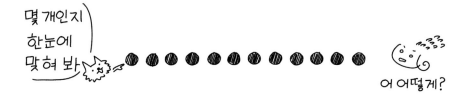

몇 개인지
한눈에
맞혀 봐

어 어떻게?

느낌으로
맞혀 봐

맞추기 쉽게
해줄게

가까이 두기

멀리 두기

3×4

몇 갠지 느껴져

간격 두기로 나누기

하얀색 고양이와 검은색 고양이는 몇 마리일까? 그만 움직여! 셀 수가 없잖아!

줄 세워 놓으면 세기 편할까? 줄이 너무 길어 한눈에 안 들어온다.

다섯 마리씩 두 줄로 묶으면 어떨까? 검은 고양이 10×2, 흰 고양이 10×2. 몇 마리인지 느낌이 온다.

왜 다섯 개 이하가 세기 편할까? 다섯 개씩 두 묶음 정도는 세지 않아도 감으로 느낄 수 있다. 너무 익숙한 개수니까.

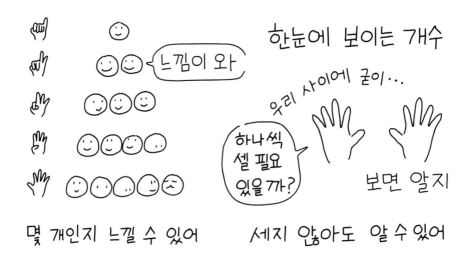

많은 정보를 한눈에 세기 편하게 나열하는 방법은 무엇일까? 어중간하게 7~9개씩 정보를 나열하는 것보다 3~5개씩 나열하는 게 정보의 개수를 알기 편하다.

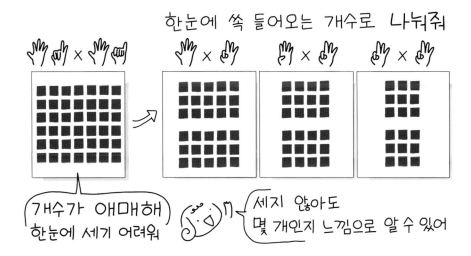

한눈에 쏙 들어오는 개수로 나눠줘

개수가 애매해
한눈에 세기 어려워

세지 않아도
몇 개인지 느낌으로 알 수 있어

정보 사이사이에 빈 공간 두기

글이 너무 길어서 숨 쉴 틈이 없다. 이럴 때 글 사이사이에 빈 공간을 두면 긴 글도 읽을 만하다.

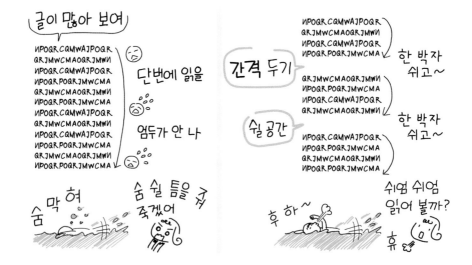

빈 공간은 덜 채운 공간이 아니다. 디자인에서 빈 공간은 중요한 역할을 한다. 빈 공간은 디자인에 원활한 흐름을 만든다. 사용자의 눈길을 중요 정보로 이끈다. 빈 공간은 정보와 정보를 연결하는 길이다. 꽉 막힌 길보다 뻥 뚫린 길이 좋다.

374

아악 답답해
앞에 좀 비켜

시원하게 비워줘
뻥 뚫어줘

디자인을 하다가 빈 공간이 보이면 무엇으로 채울까 걱정한다. 그림이던 글이던 색상이던 무엇으로든 채우려 한다. 연습장을 꽉꽉 채워 쓰며 열심히 공부하던 습관 때문일까? 빈 공간을 그냥 두지 않는다. 의미 없는 정보로 꽉꽉 채운다.

눈은 빈 공간이 만든 흐름을 따라간다. 원활한 흐름을 막는 의미 없는 정보를 걷어 내어 시원스레 뻗은 길을 만들자. 사용자에게 확 트인 풍경을 보는 듯한 느낌을 주자.

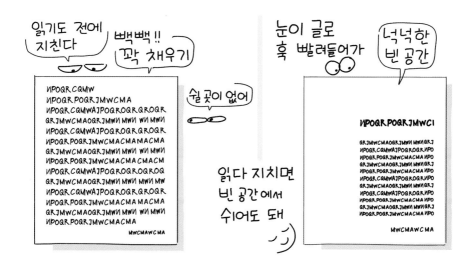

일의 부담을 줄이기

사용자가 입력, 선택, 허락을 해야 하는 정보들은 사용자의 기억, 생각, 이해를 요구한다. 이런 정보들을 쉽게 처리할 수 있도록 한 번에 하나씩 보여 주는 방식으로 디자인한다.

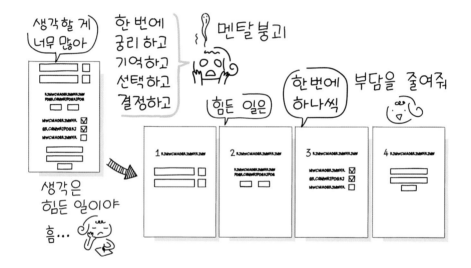

생각과 기억을 요구하는 정보들을 한꺼번에 보여 주면 사용자는 부담을 느낀다. 마치 시험지를 받아 든 느낌이 들어 앱을 닫을 것이다. 공부해야 할 일들은 한 번에 하나씩 이해하고 넘어갈 수 있게 나눈다.

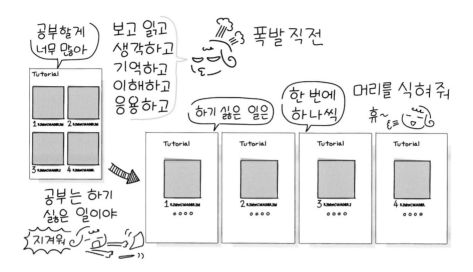

한 페이지에 모든 주제를 보여 주면 화면에 글이 너무 많아 부담스럽다. 언제 다 읽나 싶어 질린다. 주제별로 페이지를 나누자. 여백을 많이 둬 부담을 줄여주자. 긴 글은 한눈에 쏙 들어오는 크기로 잘라주는 것이 좋다.

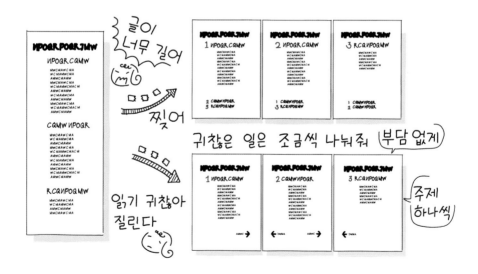

확실한 차이 보여 주기

차이를 주려면 한눈에 알아볼 수 있게 화끈하게 주는 것이 좋다.

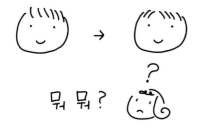

378

붙여 놓을 것은 확실히 붙이고, 떨어트려 놓을 것은 확실히 떨어트려 놓는다. 화끈하게 차이를 준다. 주제별로 나눌 때 간격 차이가 애매해서 구별이 안 된다면 의미가 없다.

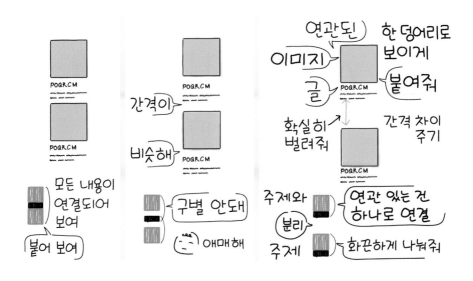

1+1, 2+1, 3+1 식으로 크기를 키우면 어떻게 보일까? 크기 차이가 잘 느껴지지 않는다.

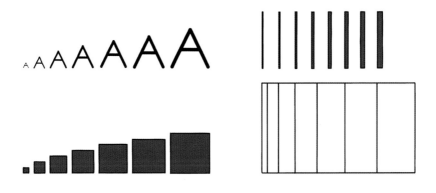

반면, 3×2, 3×3, 3×4 식으로 크기를 키우면 어떻게 보일까? 크기 차이를 확실히 느낄 수 있다. 하지만 약간 평범하다는 느낌이 든다.

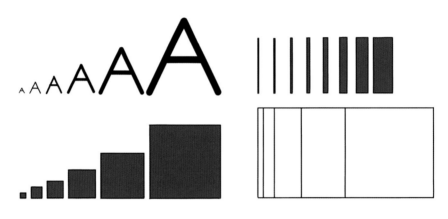

$1 \rightarrow 3 \rightarrow 6 \rightarrow 9 \rightarrow 12 \rightarrow 15 \rightarrow$

3×2, 6×2, 12×2 식으로 크기를 키우면 어떻게 보일까? 과감한 크기 차이가 명확하고 시원한 느낌을 준다.

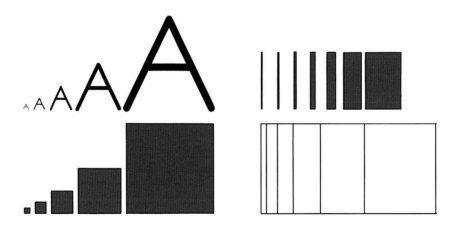

$1 \rightarrow 3 \rightarrow 6 \rightarrow 12 \rightarrow 24 \rightarrow 48 \rightarrow$

제목과 부제목, 내용의 글자 크기, 글자 두께, 글 간격 차이를 과감하게 줘야 한다. 확실히 눈에 띄게 하자.

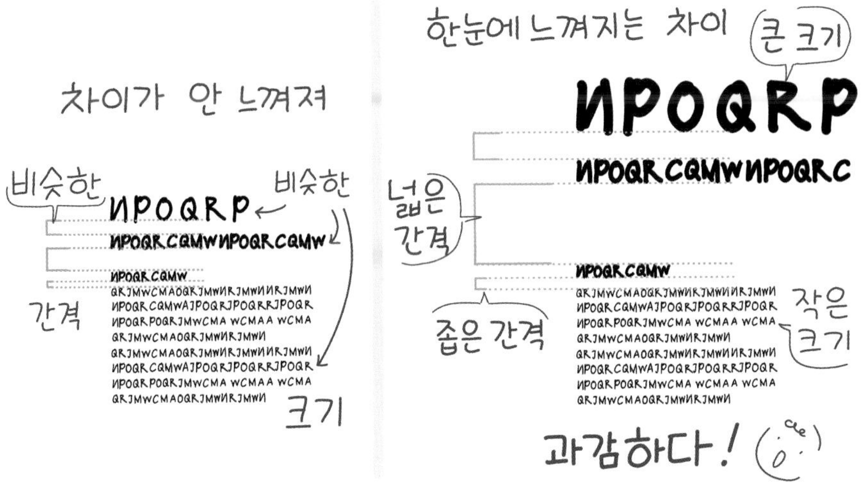

리듬 살리기

이미지가 너무 평범해 지루하다. 재미를 주고 싶은데 어쩌지? 크기에 변화를 주거나 위치에 변화를 준다. 간격을 넓게 하거나 좁게 해 변화를 준다. 평범한 이미지에 리듬을 실어주자.

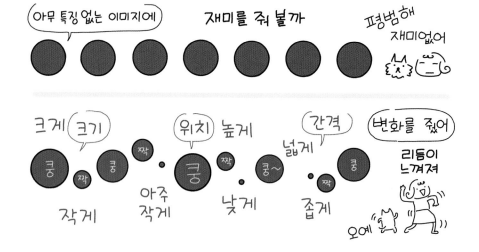

변화를 아무렇게나 줘도 될까? 규칙을 정해 반복해야 한다. 검은색과 파란색을 번갈아 두거나, 가는 선과 굵은 선을 번갈아 두는 것처럼 변화에도 규칙이 있어야 한다. 한결같은 반복이 리듬이 된다.

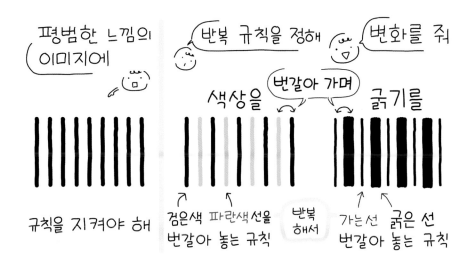

음악은 규칙을 정해 음을 반복한다. "쿵짝짝 쿵짝짝" 하거나 "쿵쿵짝 쿵쿵짝" 하는 음의 높낮이 변화를 규칙을 정해 반복한다. 디자인도 똑같다. 음악의 "쿵짝짝"와 디자인의 "강중약"은 같다. 디자인은 "쿵짜짝 쿵짜짝"처럼 재미난 박자를 크기로, 색상으로, 넓이로 표현한다.

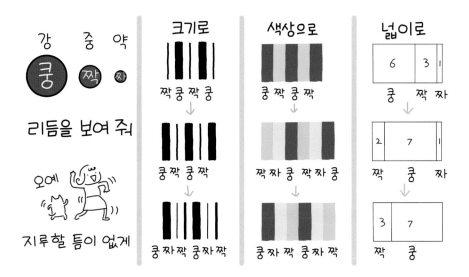

똑같은 음만 반복하는 "쿵쿵쿵쿵"이나 "짝짝짝"은 음악이 아니다. 그저 소음일 뿐이다. "쿵짝 쿵짝" 혹은 "쿵쿵짝"같은 리듬이 있어야 듣기 좋은 음악이다. 화면을 나눌 때 똑같은 크기로만 나누면 재미없다. 화면을 "쿵짝" 리듬처럼 큰 크기-작은 크기로 나누거나, "쿵짜짝" 리듬처럼

큰 크기–작은 크기–중간 크기로 나누면 듣기 좋은 음악을 닮은 디자인이 된다.

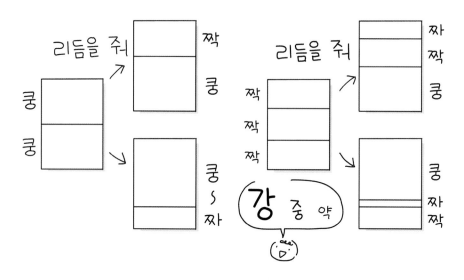

똑같은 음만 들으니까 지루하고 재미없고 졸리다. 잔잔하고 조용한 리듬을 듣다가 갑자기 '쿵' 하는 소리를 들으니까 깜짝 놀라 정신이 번쩍 든다.

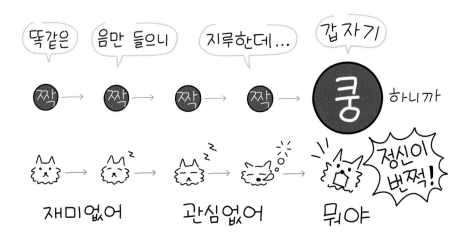

디자인에 높은 음 '쿵'을 표현하자. 그림이 중요하면 그림을, 제목이 중요하면 제목을, 내용이 중요하면 내용을 하나만 정해 다른 것들보다 더 크고 굵고 진하게 '쿵' 하고 강조한다.

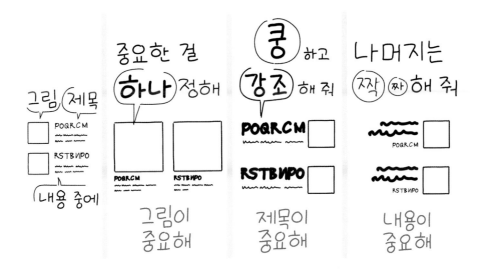

중요한 정보 하나만 강조해서 다른 것들과 차별된 모습을 보여 준다. 강조는 한 번에 하나만 해야 한다는 점을 잊지 않길 바란다.

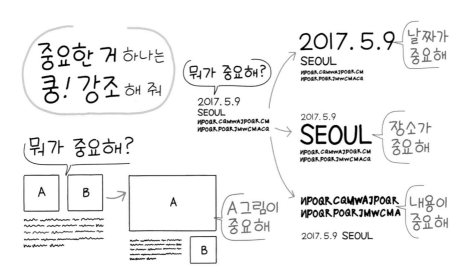

중요한 정보 하나만 높은 음 '쿵'으로 강조하는 이유는 뭘까? 무엇을 크게 강하게 강조하느냐
에 따라 메시지가 달라진다. 무엇이 중요한지 하나만 결정하자.

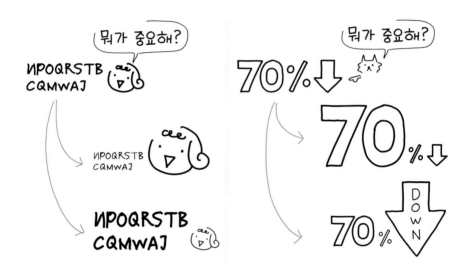

디자인에 높은 음 '쿵'으로 강조한 표현이 있으면 밋밋한 디자인이 재미있어진다.

주제를 한눈에 알아 볼 수 있게 과감하게 주제만 화면에 꽉 채운다. 주제를 확실히 알려주자.

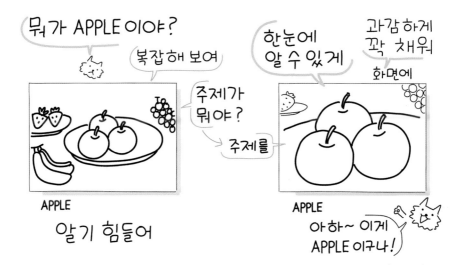

무게 균형 맞추기

이미지에서도 무게감을 느낄 수 있다. 크기가 크면 무거워 보이고, 작으면 가벼워 보인다. 마찬가지로 색상이 진하면 무거워 보이고, 연하면 가벼워 보인다.

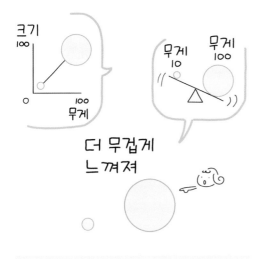

큰 것과 작은 것을 나란히 놓으면 무게 균형이 맞지 않다. 큰 것에 밝은 색을, 작은 것에 어두운 색을 칠하면 무게 균형이 맞아 보인다.

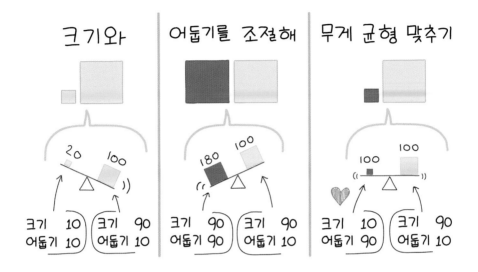

크기와 어둡기만 조절해 무게 균형을 맞출 수 없을 때는 어떻게 할까? 큰 것 하나에 작은 것 여러 개를 나란히 놓으면 무게 균형이 맞아 보인다.

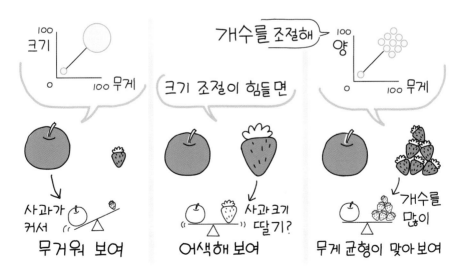

아래 그림처럼 화면 한쪽에만 큰 이미지가 있으면 치우쳐 보인다. 반대쪽에 무게 맞춤용 이미지를 놓아 무게 균형을 잡자.

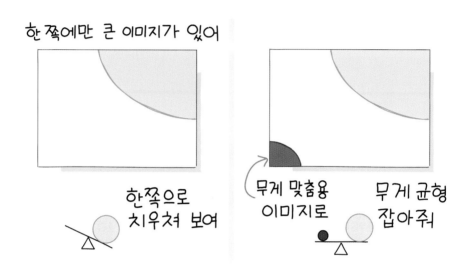

이미지가 한쪽으로 쏠려 무게 균형이 깨져 보인다. 그렇다고 똑같은 이미지를 다른 쪽에 놓으면 무게 균형은 맞아 보이지만 재미가 없다. 다른 쪽 이미지의 속성을 반대로 조절해 무게 균형을 맞추며 재미도 줘야 한다.

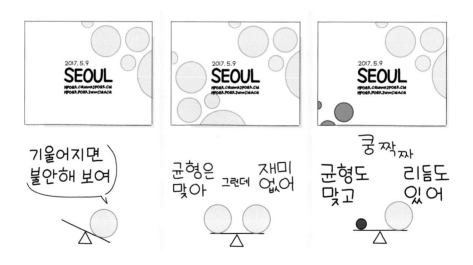

한쪽에 작고 어두운 색 이미지를 놓는다면, 다른 쪽에 크고 밝은 색 이미지를 놓는다. 크기 차이가 나면 어둡기 차이를 조절해 무게 균형을 맞춘다.

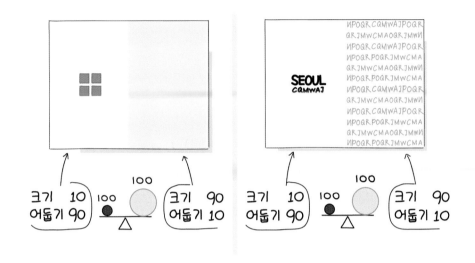

한쪽에 큰 이미지 한 개를 놓는다면 다른 쪽에는 작은 이미지 여러 개를 놓는다. 크기와 어둡기만 가지고 무게 균형을 맞추기 힘들 때는 개수를 조절해 무게 균형을 맞춘다.

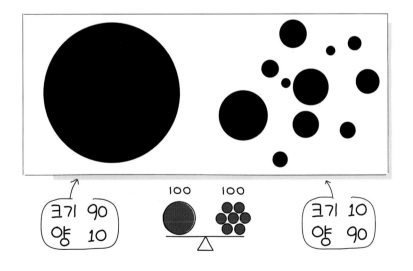

CHAPTER 5

글과 그림이
어우러지도록 한다

이미지를 배치해 이야기 만들기

이미지를 놓는 순서를 바꾸면 물이 약이 되느냐 독이 되느냐 이야기 결말이 달라질 수 있다.

그림 속 고양이가 내 뒤에 있느냐 앞에 있느냐에 따라 말이 달라진다. 아래 그림을 보고 말을
만들어 보자.

이미지 옆에 이미지를 놓으면 어떨까? 두 이미지가 합쳐져 하나의 이야기가 된다. 주변 이미지에 따라 의미가 달라진다.

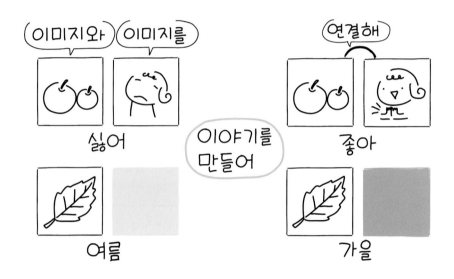

여러 이미지로 단어를 만드는 것은 두 단어를 합해 한 단어를 만드는 것과 같다.

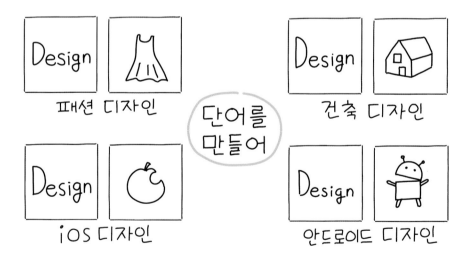

이미지의 방향과 위치, 순서가 바뀌면 이야기가 달라진다. 서로 모르는 사이도 얼굴 방향만 바꾸면 친한 친구 사이처럼 보인다.

크기와 비율을 유지하기

아이콘은 비율이 중요하다. 만약 아이콘 비율이 맞지 않으면 아래 그림이 말뚝 아이콘인지 연필 아이콘인지 드럼 세탁기 아이콘인지 카메라 아이콘인지 헷갈린다.

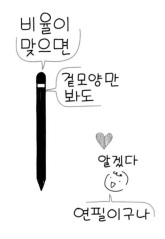

모서리가 둥근 도형을 늘릴 때 조심해야 한다. 모서리의 둥근 모양이 찌그러져 보이면 억지로 늘린 티가 난다. 특히 말풍선 같은 것을 늘릴 때 모서리의 둥근 모양을 지켜주는 것이 좋다.

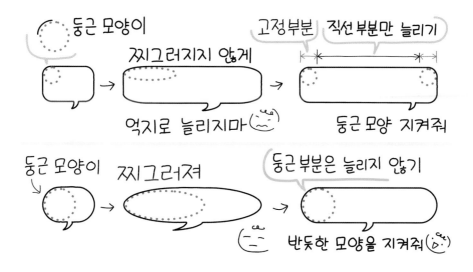

화면 크기에 비해 이미지가 너무 작다. 화면 긴 쪽에 맞춰 이미지를 크게 키웠더니 이미지가 길게 늘어나 보인다. 이미지 비율이 깨져 모양이 변했다.

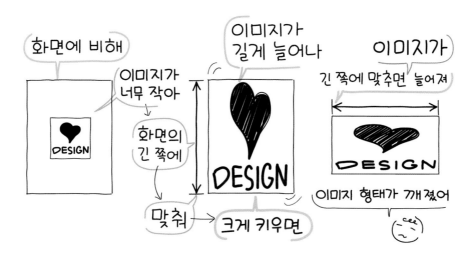

화면의 짧은 쪽에 맞춰 이미지를 키우면 어떨까? 이미지의 비율과 모양을 지키며 크기를 키울 수 있다.

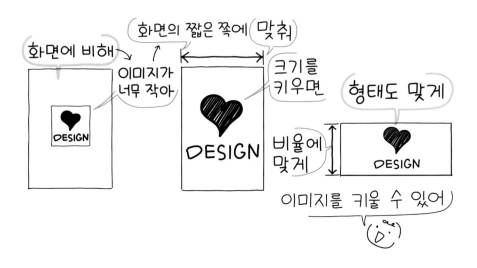

이미지와 화면의 바탕 색상이 다르면 작은 이미지를 크게 키운 티가 나서 별로다. 이미지 바탕을 투명하게 하면 크기를 키운 티가 나지 않아 좋다.

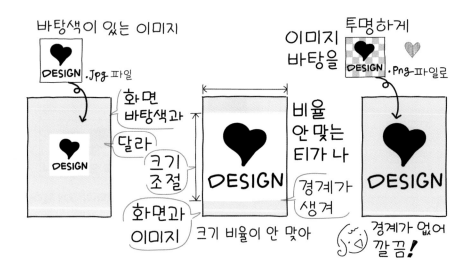

03

Section

글을 그림의 일부로 만들기

시간의 흐름을 방향으로 표현한다. 시계 반대 방향인 오른쪽에서 왼쪽을 향하면 과거로 돌아

가는 것 같고, 시계 방향인 왼쪽에서 오른쪽을 향하면 미래로 나아가는 것 같다. 시계 방향에

익숙하기 때문이다.

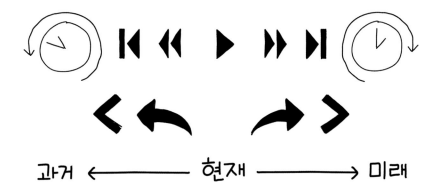

글을 인물 뒤에 두면 과거를 회상하는 느낌이 들고, 앞에 두면 희망을 이야기하고 미래를 다짐

하는 느낌이 든다.

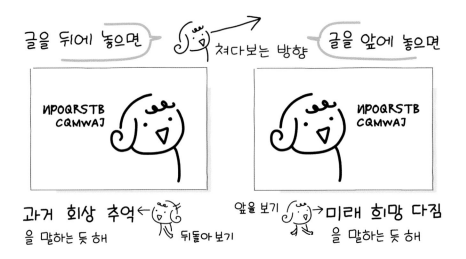

글을 입 근처에 두면 마치 주인공이 말하는 것 같다.

풍경 이미지에 글을 놓을 때는 글이 그림의 일부처럼 보이게 한다. 푸른 하늘 풍경 이미지에 글을 놓을 때는 글자 색을 하얀색이나 진한 파란색으로 하고, 글상자 모양을 그림과 어울리게 구름 모양으로 만든다.

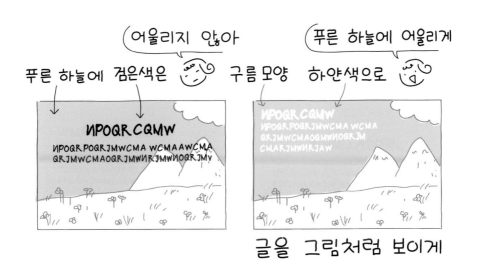

글을 그림처럼 보이게

풍경 이미지에 흐름이 있을 때 흐름이 모이는 곳에 글을 두는 것이 좋다. 글이 흐름을 막으면 안 된다.

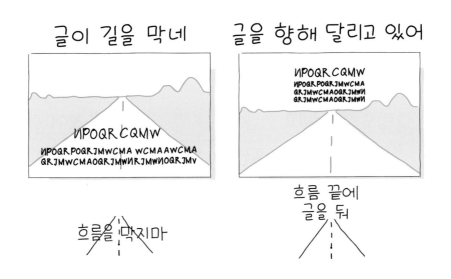

이미지에 글을 놓을 때는 그림 모양이 만드는 흐름에 따라 글을 두는 것이 좋다.

화면 한 가운데에 주인공을 두면 안 된다. 글을 둘 자리가 없다. 그림과 글이 겹쳐져 복잡해 보인다.

아래 그림과 같이 그림을 한쪽으로 밀어서 글이 들어갈 공간을 만들어 주는 것이 좋다.

다크 모드에서는
짙은 회색을 사용하기

글이 많은 앱은 바탕색이 중요하다. 검은 바탕색은 멋져 보이지만 거울처럼 반사가 심해 글을 읽기 힘들다. 형광 바탕색은 화사해 보이긴 하지만 색상 자극이 심해 글을 읽기 힘들다. 밝은 바탕색에 검은색 글이 가장 뚜렷이 보인다. 종이에 쓴 글을 읽는 듯해서 익숙하고 읽기 편하다.

글이 많은 앱과는 반대로 그림과 색상이 많은 앱에는 짙은 회색 바탕을 써야 그림과 색상들이 생생해 보인다.

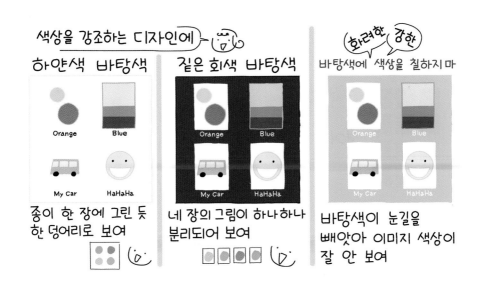

만약 팀마다 유니폼 색상이 비슷하면, 색상 구분이 되지 않아 우리 편과 상대편이 구별되지 않는다.

주제들을 간격 차이로 구분해 보자. 주제별로 간격을 벌려 놓으면, 간격만 보고도 주제별로 나눈 것을 한눈에 알 수 있다.

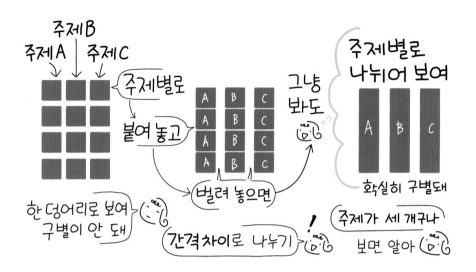

하지만 그림에 색상이 있으면 주제별로 간격을 줘도 구별하기 어렵다. 엉뚱하게도 비슷한 색상끼리 뭉쳐 보이기 때문이다. 간격 두기로 주제들을 나눈 의미가 사라진다.

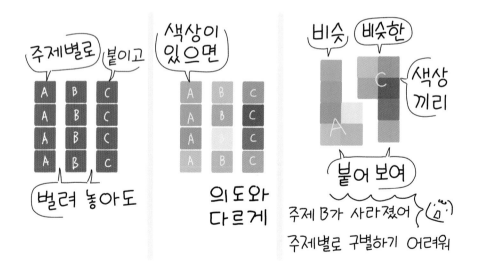

하얀색 바탕 위에 색상들이 많이 있다면 하얀색 바탕이 빈 공간처럼 느껴진다. 그래서 비슷한 색상들끼리 뭉쳐 보인다. 마치 하얀색 팔레트 위에 물감이 번져 뒤섞인 느낌이다.

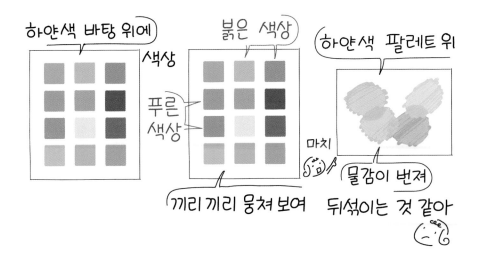

짙은 회색 바탕 위에 색상들이 많이 있다면 마치 짙은 회색 바탕이 색상들을 안전하게 통 안에 담아 둔 느낌이 든다.

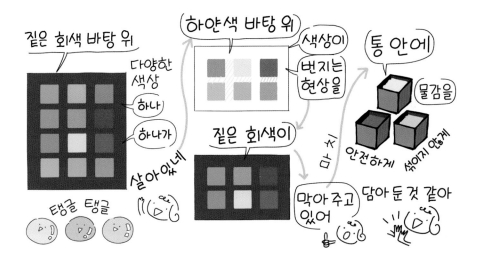

검은색, 하얀색, 푸른색, 붉은색은 그림에 가장 많이 사용하는 색상이다. 그래서 이 색상들을 바탕색으로 사용하면 그림 속 색상과 합쳐져 뭉쳐 보일 수 있다. 반면 짙은 회색은 많이 사용하지 않는 색상이다. 짙은 회색을 바탕색으로 사용하면 그림 속 색상과 바탕색이 비슷해서 합쳐지는 현상을 줄일 수 있다.

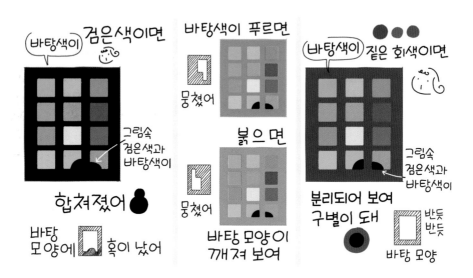